Juan Armando Rojas Joo

Como luz de río
Like River Light

Translated to English by Jennifer Rathbun

artepoética press

Nueva York, 2019

Title: Como luz de río / Like River Light

ISBN-13: 978-1-940075-72-3
ISBN-10: 1-940075-72-6

Translation: © Jennifer Rathbun
Design: © Ana Paola González
Cover & Image: © Jhon Aguasaco
Editor in chief: Carlos Aguasaco
E-mail: carlos@artepoetica.com
Mail: 38-38 215 Place, Bayside, NY 11361, USA.

Juan Armando Rojas Joo

Como luz de río
Like River Light

**Colección
Rambla de Mar**

CONTENIDO / CONTENTS

Río Vertebral / Vertebral River

Fronteras / Borders

Afluentes / Affluents

Eclipse lunar / Lunar Eclipse

Río vertebral

Vertebral River

Juan Armando Rojas Joo

Translated to English by Jennifer Rathbun

A mi madre, mis hermanas, mi esposa, mis hijas,
ya que saben caminar sobre la luz

To my mother, my sisters, my wife, my daughters,
because they know how to walk on light

Aquella noche llegamos a un río, el cual era muy hondo y muy ancho, y la corriente muy recía, y por no atrevernos a pasar con balsas, hecimos una canoa para ello, y estuvimos en pasarlo un día;... tuvimos mucho trabajo...

— **Alvar Núñez Cabeza de Vaca**

That night we reached a river, which was very deep and wide and had a strong current, and because we dared not cross it on rafts we made a canoe for the purpose.
We spent a whole day crossing it… we had great difficulty…

— Alvar Núñez Cabeza de Vaca

Vertebral

bajo lluvias
    de agujas y alfileres
    se me anunció el diluvio
        segundo adelantado a los minutos
          en erupción

perdido en medio del río
    busco mi sombra en su espiral
    y es el desierto

      y fuimos convocados
        a descubrir la relación del río
        con sus rudos caudales

hallamos un reloj — entre torrentes —
    cuidando de las horas
    que se han dislocado

      la balsa abandonada bajo el río
        nos permitió   escapar del muelle
        y hundir   los remos en el cieno

      recorrimos los surcos de la playa
        según la métrica de la corriente
        cruzamos un velo de blanca arena

      las cicatrices desembocaron
        en su delta
        bajo la triste sombra de un esquife

VERTEBRAL

beneath rains
of needles and razors
the flood announced itself to me
one second ahead
of the erupting minutes

lost in the middle of the river
I search for my shadow in its spiral
it is the desert

and we were summoned
to navigate the first chronicle of the river
amongst its rough waters

we found a clock
— amid the torrents —
marking the misplaced hours

the abandoned raft beneath the river
allowed us   to escape from the dock
and sink   the oars into the mire

to the beat of the current
we ran the trenches of the beach
we crossed a veil of white sand

under the solemn shadow of a raft
the scars ran
to their delta

yo vi   una tortuga escarbar
                     sobre la piel
                               de una botella
                  que navegaba muy cerca del viento

una vela se apagaba de noche
            con tal
            de sostenerle al río
                  su oscuridad

                              sobrenadaban
                peces muy viejos (con barbas largas)
                entre el nadir y el cenit

al canto de una rana distraída
            se congregaron los reflejos
            el corazón
                  una burbuja

            sobre las alas de la golondrina
                el escribano enciende un fuego fatuo
            al recordar el cabo

cristal fosilizado
huesos axiales
en nuestra barcarola

                un marinero piensa la invasión
                    al mirar una avellana flotar
                  y̆ deslizarse
                      por las vertientes

dibujo el vuelo
            de un colibrí
                el paso firme   de una estrella

I saw   a turtle dig
              in the flesh
                  of a bottle
          that navigated close to the wind

a candle blew out every night
         to sustain
         the river's
            darkness

                  ancient fish
           swim overhead (with long beards)
           between the nadir and the zenith

to the chant of a distracted frog
         the reflections gathered
         the heart
            a bubble

         over the dove's wings
           the calligrapher ignites a fatuous fire
         while remembering the end

fossilized crystal
axial bones
in our boat

           a seaman recalls the invasion
              upon seeing hazelnuts float
            and slide
                over the rapids

I sketch
         a hummingbird's flight
           the firm step   of a star

[Handwritten annotations: "how it just floated with the current"; "all was DARK at night"; "unknown, weird looking fish never seen before"; "bottom" (under nadir); "peak" (under zenith); "writing down what's being seen"; "smug"; "imagery"]

17

llegamos al perfume de un ciruelo
envuelto en flores

y aquí
se le hizo un nudo al río
después de un día lluvioso
decidimos parar

se tiró una taza al agua
sobre el muro de porcelana brotaron
flores rojas y amarillas

un ave abandonó sus alas
el río   la serpiente marina
juró volver

se fue a juntar la cera de un panal
y se quedó dormida
hay sueños en que la vela se apaga

será (de)lirio del río
que nunca navegamos
al mismo tiempo que sus aguas

por el camino de las vértebras
que tampoco cesa
se enciende la luna llena

el escribano
parece que aprendió
a tirar redes bajo la lluvia

entre escamas de rocío
unos ciegos contemplan
montañas que semejan laberintos

we arrived to the perfume of a plum tree
covered in flowers

and here
we tied a knot in the river
we decided to rest
after a rainy day

a cup was thrown into the water
red and yellow flowers
sprouted over the porcelain wall

a bird abandoned its wings
the river   the sea snake
swore to return

she left to garner the wax from a hive
and fell asleep
there are dreams in which the candle burns out

it could be delirium of the river
that we never navigated
at the same time as its waters

through the path of the vertebras
that never cease
a full moon ignites

the calligrapher
appears to have learned
to cast nets in the rain

between the dew's scales
blind men contemplate
mountains like labyrinths

19

disfrutan el silencio perdido
sombras de un amor en las rocas

la navegación   no ha terminado
de noche perseguimos
el atlas de aquella madrugada

they savor lost silence
    shadows of a love on the rocks

the navigation   has not ended
    at night we pursue
    the atlas of that distant dawn

[handwritten: when there was time to Rest it was priceless]

[handwritten: Nighttime was a time to think of what was to come]

[handwritten: Illustration]

II

aquella noche llegamos a un río
   hay un sueño más allá de este sueño
     el cual era muy hondo   y muy ancho

      hay un viento más allá de este viento
       y la corriente muy recía
        si acaso   hay un río   más allá de este río

      por no atrevernos a pasar con balsas
     hecimos una canoa para ello
    y estuvimos en pasarlo un día

tuvimos entonces *mucho trabajo*

II

Knowing that there is more out there than what has been found already

that night we reached a river
  there is a dream beyond this dream
    which was very deep   *and wide*

      there is wind beyond this wind
        and had a strong current
        if by chance   there is a river   beyond this river

lessons learned

        because we dare not cross it on rafts
      we made a canoe
    we spent a whole day crossing it

we had great difficulty

FRONTERAS / BORDERS

Desert sky
Dream beneath a desert sky
The rivers run but soon run dry
We need new dreams tonight

—Bono

Fronteras / Borders

> *Desert sky*
> *Dream beneath a desert sky*
> *The rivers run but soon run dry*
> *We need new dreams tonight*
> — **Bono**

EL PALPITAR   EL ECO

Yo soy la ciudad en medio del desierto

Un mimo y un poeta
de una ciudad que está en medio del desierto

Soy quien sueña esos cuentos
de un mimo y un poeta
de una ciudad que duerme al centro del desierto

Frontera incierta
de un mimo y un poeta
que juegan con los sueños
de una ciudad en medio del desierto

Voz del silencio:
   Frontera
     mimo   poeta
escenario del sueño
donde una ciudad observa los destierros del recuerdo

Soy el camino
hilando vidas
de mimos y poetas
que por jugar en serio
sueñan los cuentos
de una ciudad en medio del desierto

THE BEAT   THE ECHO

I am the city in the middle of the desert

A mime and a poet
from a city that lives in the middle of the desert

I am the one that dreams those stories
of a mime and a poet
from a city that sleeps in the center of the desert

Fictitious border
of a mime and a poet
that play with dreams
of a city in the middle of the desert

Voice of silence:
    Border
            mime   poet
stage of dreams
where a city observes memory exile

I am the journey
weaving lives
of mimes and poets
that in their playful seriousness
dream the stories
of a city in the middle of the desert

EL PUENTE

*A María Eugenia Martínez Joo, junto al recuerdo de tu
"asesinato accidental"*

Un río
Dos países
Tres culturas
Cuatro rumbos
Cuatro puentes en el río
Cuatro mujeres cruzan el puente cuatro hombres esperan a las cuatro
Cuatro muertes con una 45″ al querer asaltar a cuatro gringos
Cinco huérfanos
Cinco ladrones

Cinco amantes cuatro esposas tres hijas dos hijos abandonados en una ciudad

Cinco mojados esperan el cruce de las cinco
Cinco de la tarde   ya pronto viene el tren
Cuatro por cuatro por cuatro por cuatro se multiplican las maquilas
Cuatro pesos cada vez que abren la mano si trabajas en el puente
Cuatro estaciones se escuchan en mi radio cuadrafónico
Cuatro dedos en su mano   se lo cortaron   se lo llevó el río
Tres kilos de coca confiscados en el puente
Tres hombres detenidos por la migra
Tres pesos ya no son un dólar
Dos catedrales en la plaza de Juárez
Dos pachucos riñen por una virgen
Uno muere

THE BRIDGE

*To María Eugenia Martínez Joo and to the memory of your
"accidental murder"*

One river
Two countries
Three cultures
Four directions
Four bridges over the river
Four women cross the bridge four men wait at four
Four killed with a '45 assaulting four gringos
Five orphans
Five thieves

Five lovers four wives three daughters two sons abandoned in one city

Five *mojados* wait to cross at five
Five in the afternoon   the train will be arriving soon
Four by four by four by four *maquilas* multiply
Four *pesos* every time they extend their hand if you work on the bridge
Four stations cut in and out on my quadraphonic radio
Four fingers on his hand   they cut it   the river carried it away
Three kilos of cocaine confiscated on the bridge
Three men detained by the *migra*
Three *pesos* are no longer a dollar
Two cathedrals in the plaza of Juárez
Two pachucos fight over a virgin
One dies

29

PUENTE LIBRE

Norte
en esta ciudad   por cada cuadro un hormiguero
por cada cuadro un hormiguero

en el atardecer de un río bravo
las montañas son los rostros perpetuos
que no alcanzaron a pisar la luna
son labios abreviados en dos lenguas
palabras entre puentes y espirales
siluetas recortadas en la lluvia
bajo la precisión de un segundero

-Centro
en el lecho del río   un hilo de hormigas rojas
confunde una botella de güisqui con el hormiguero
Centro-

en el atardecer de un río grande
las montañas acuñan las monedas
que destilan espejos en la luna
como un lagarto viejo que a las 5
aguarda en una plaza solitaria
hay una sola noche en cada noche
y sombras como polvo en las esquinas

Sur
por cada cuadro un hormiguero   en esta ciudad
por cada cuadro un hormiguero

FREE BRIDGE

white -- side of heaven

North
        in this city   in every street an anthill
            in every street an anthill

in the nightfall of the *río bravo*
lasting for eternity
the mountains are perpetual faces
that did not rise to defeat the moon
they're abbreviated lips in two tongues
words between bridges and spirals
silhouettes cut in the rain
exactness
beneath the precision of a second hand

Blue, heaven + earth
            -Center   *Imagery*
in the river bed   *a line of fire ants confuse*   *of whiskey*
    a bottle of whiskey with their anthill   *Bottle*
            Center- *Ravin sacrifice*

in the nightfall of a *río grande*
    fabrical
    mountains mint coins
that distill mirrors in the moon
like an old reptile that at 5
anticipates in a deserted plaza
there is only one night in every night *paradox*
and shadows like dust in the corners

                                    Right hand of the
        South - *Yellow*. *great star of the sun*
    in every street an anthill   in this city
        in every street an anthill

31

EL CRUCE

Sabe que más allá del cielo abierto
Comienzan el desierto y el olvido
Alberto Blanco

Noche
Abierta
Cruza el puente
Afloja el cuerpo
Mide la distancia
Añora el otro lado
De regreso por el centro
Enciende y gira faros
Es verano y se respira asfalto
Olvido en un santuario
Se dispone a discutir de laberintos
Ariadna se contempla en el espejo
Observa las hormigas cargar agua de río
Entre más escarben más cerca estarán del Infierno
Gota a gota alguien describe su diluvio
Fronteras incompletas
Se alimentan Teseos con tortilla
Olvida al fin el otro lado y corre
En el trazo de esta noche hay humo
En cada esquina   un desierto
Entre puentes ondulantes
Hilvan la otra orilla
Se congela solo
Entre sombras
Recuerdos
De lunas
Rotas
...entre más crezca la ciudad, más grande será el desierto...

THE CROSSING

sabe que más allá del cielo abierto
comienzan el desierto y el olvido
Alberto Blanco

Night
Opens
Crosses the bridge
Relaxes his body
Measures the distance
Longs for the other side
Returns back to downtown
Lights and spins *faros*
Its summer and you breathe asphalt
Lost in a sanctuary
He prepares himself to discuss labyrinths
Ariadna contemplates herself in the mirror
She watches the ants carry river water
The more they dig the closer they get to hell
Drop by drop someone describes his flood
Unfinished borders
They feed Teseos tortilla
Finally forgets the other side and runs
In the trace of this night there is smoke
In every corner   a desert
Between rolling bridges
They sew the other shore
It freezes itself
Between shadows
Memories
Of broken
Moons
...the more the city grows, the larger the desert will be...

33

Paso del norte
— QUE LEJOS TE VAS QUEDANDO —

r

Aquella tarde vimos la trayectoria de una bala
recogerse y dormitar en el cerebro de un centauro

legar el paso a los estragos calcáreos
donde la muerte nos gustaba andarla con banderas
   casi blancas
     casi a oscuras
       casi ya de noche
        para casi no perdernos
          pero nos encontrábamos al otro lado del río
          tendríamos que estar ciegos
        entre los versos nocturnos
       habría que estar muy ciegos
     paso a paso
   bala contra bala
para acabar con el día
la batalla continuaba y como un largometraje
    el puente sostuvo el labio superior de las palabras
                  sobre nuestras oraciones

(8/V/1911)

Paso del norte

r

that afternoon we saw the bullets' path
converge and sleep in the centaur's brain

bequeath the journey to calcareous erosion
where we paraded death covered with flags
   almost white
    almost in darkness
     almost already at night
      so not to almost run astray
       but we found ourselves on the other side of the river
        we would have to be blind
         between nocturnal verses
        we would have to be completely blind
       step by step
      bullet against bullet
to put an end to the day
the battle continued and like a feature film
     the bridge supported the upper lip of the words
                              over our prayers

(8/V/1911)

Í – *TUS DIVISIONES* –

nadie llegó mientras el poco río que nos quedaba
sonreía súbitamente ante el recuerdo del invierno

moríamos   las aguas bebían nuestra hiel
gendarmes nos pedían regresar a nuestras casas

las fronteras de las sombras aún preguntan
por qué del otro lado siempre el silencio...

...pero nadie les diría la respuesta...

...yo era el centauro
        habría de morir a un paso del norte
        y ya no tenía casa
        y ya no tenía río

(9/V/1911)

Í

nobody arrived while the little river that remained
suddenly smiled before the memory of winter

we were dying   the waters drank our bitterness
gendarmes ordered us to go home
police

the border of shadows still ask
why on the other side always the silence

…but nobody would tell them the answer …

…I was the centaur
                     monsters, human
                     upper
                     equine
                     lower
        I would have to die near *Paso del Norte*
        and I no longer had a home
        and I no longer had a river

(9/V/1911)

O — *DE MI SE ESTÁN ALEJANDO* -

ciudad de tardes rotas
                                    suceden en estos días
lluvia sobre tus calles
                              el río

Holywood hubiera estado tan de acuerdo
con tu suerte

se aventuran hasta pisar el cielo de los isopropilos
                    con máscaras de gas
                              cacería de brujas

son los cuerpos
                    que alguna vez se volverán a incinerar
                         diles que por favor no vengan más
                              son solamente cuerpos

(10/V/1911)

O

city of broken afternoons
                        these days happen
rain over your streets
                        the river

Hollywood would have agreed
with your luck

they explore until they squash the isopropylic sky
                with gas masks
                        witch hunt

they are the bodies
        that some day will incinerate again
                please tell them to not come back
                they are only bodies

(10/V/1911)

REPERCUSIONES DE UNA CIUDAD LLAMADA JUÁREZ

A esas mujeres rotas

Terregales de un polvo blanco que se transpira
suciedad
                    blancura de la sociedad
ritmos que se injertan en los ladrillos

Ciudad desubicada entre sus casas
tan sola tan enteramente sola
tan alejada de Jerusalén
por la circunferencia de la tierra

Hagamos oración por la ciudad que sangra
por la mujer que espera un puesto en la maquila
arranquemos los cables y mastiquemos
el azufre almendrado de los coches

Llegaremos temblando
hoy se terminó el trabajo en la fábrica
hay tres pares de ojos que me observan
tienen hambre

Oramos por la migración de los mojados
al darnos cuenta de que nos encontramos solos
entre las manchas mercuriales en el espejo
se desvanece la memoria de los puentes

Hablemos de esta ciudad   a nuestros hijos
que no aparece en el mapa
crucifiquemos los brazos de este cielo
con mayor derecho que el vecino

Repercussions of a City Named Juárez

To those broken women

Dirt storms of a white dust that transpires
filth
                    whiteness of a society
rhythms that inject themselves into the bricks

City lost amongst its houses
so alone so entirely alone
so far from Jerusalem
due to the earth's circumference

Let us pray for the city that bleeds
for the woman that waits for a job in the *maquila*
let us tear out the cables and chew
the almond sulfur of the cars

We will arrive trembling
today the job ended at the factory
there are three pair of eyes that observe me
they are hungry

We pray for the migration of the wetbacks
upon realizing that we find ourselves alone
between the mercury stains on the mirror
the memory of the bridge banishes

Let us talk about this city   to our children
that does not appear on the map
let us crucify the arms of this sky
with more right than the neighbor

41

Busquemos a las desaparecidas
entre las aguas
                    y sus médanos
donde siempre sobrará basura

Busquemos a las violadas
en la construcción geológica de nuestros hogares
entre las dunas blandas y su arena fresca
y el calcio de sus huesos

Hablemos de los latidos del puente
del poco oxígeno que se respira
en el minuto y medio de silencio
a que es acreedor todas las noches

Hacemos un círculo e imponemos
nuestras manos   orando por el alcohol
rasguñamos el hielo ardiente del asfalto
esta batalla en el desierto

Las sombras de los ahorcados
    rueguen por nosotros
por la fragilidad y el alto precio de una casa subsidiada
    escúchennos

Por el segundo que separa un milenio de otro
recordemos la línea divisoria
el furgón en que mueren los mojados
la costumbre del silencio

En donde terminó el río bravo
en donde comenzó el río grande

Let us look for the missing
between the waters
                    and its dunes
where there will always be abundant trash

[handwritten: those that disappeared (women) / how women were discarded / murdered]

Let us look for the raped
in the geographical construction of our homes
between the bland dunes and its fresh sand
and the calcium of its bones

Let us talk about the heartbeats of the bridge
of the little oxygen that you breathe
in the minute and a half of silence
that the bridge deserves every night

We make a circle and we cross
our hands   praying for alcohol
we scratch the asphalt's burning ice
this battle in the desert

[handwritten: how people were being treated, they couldn't beyond housing]

The shadows of the lynched
    pray for us!
for the fragility and the high price of subsidized housing
    listen to us!

[handwritten: thousands years]

For the second that separates one millennium from another
we remember the border line
the box car in which the wet backs die
the custom of silence

[handwritten: how people were dying & it was also kept silent]

Where the *río bravo* ends
Where the *río grande* begins

Iniciamos la oración
para lograr el reino de los suelos
por los sueños
de los sueños
de los días
ahora y siempre

We initiate the prayer
to reach the kingdom of the flies
            for the dreams
                        of the years
                                    of the days
                                                now and forever

Responso

Hoy pedimos bendición por nuestro pueblo
por la ciudad con nombre de exilio
águila con rostro de Cuauhtémoc
antecedente de un hombre
que en su fuga nos persigue
Ruega una y otra vez por nuestros calabozos

Ciudad chapopote y desagravio en los rincones
anticiudad de los azotes y de los azotados
del gel vidrioso que resbala por las arterias
y avenidas mal construidas   ¡Cuídanos!

Ciudad de los templos mal edificados
Abre las ventanas

Juárez   Tú que divides los pecados de tus habitantes
ofrécenos el filo de una gota de lluvia
perforada en cada noche

Lugar de la mujer violada
frontera de los desencantados
ciudad facsimilar
Abre otra maquiladora

Ciudad de la impotencia
ciudad del río viagra
aullido de ferrocarril
No ruegues por los otros

Prayer for the Dead

Today we ask for blessings for our own people
for the city with exile's name
eagle with Cuahtémoc's face
predecessors of a man [those before]
that in his flight pursues us
Beg time and time again for our dungeons

City tar and acts of atonement in the corners
anticity of the lashings and the lashed
of sharp gel that flows through our arteries
and poorly constructed avenues   Take care of us!

City of poorly built temples
open your windows

Juárez   you who divide the sins from your people
offer us the origin of a drop of rain [life, rebirth cleansing]
perforating every night

Place of the raped woman
border of the disenchanted [false belief illusion]
faximilie city
Open another *maquiladora* [factory]

Impotent city [weak] [drug running]
city of the viagra river
train's cry
Don't beg for the others

Ciudad cárcel de piedra
ciudad antifronteras
ciudad de los perdidos
    Regálanos un bar

Tú que quitas la canasta básica
dásela una y otra vez a los de siempre
ciudad de fuegos fatuos y encementados
    Acaba con la judicial y mándala a bañarse al río

Por los obreros que se encajan escorpiones en los huesos
para aguantar la cruda de la noche
por las que luego de trabajar diez horas
venden su cuerpo tratando de ocultar su identidad

Santa ciudad de juegos delictivos
las escondidas y los encantados
anticiudad del chinche al agua
    No nos dejes caer

Ciudad de veladores sin eclipses
perdona a los encabronados
Juárez de los condones

    ¡Escúchanos!

Ciudad frontera norte
Ciudad por episodios
Ciudad hibridizada
    Danos la pez

Ciudad cola en los puentes
que siempre apestas a burrito frío

City rock prison
city antiborder
city of lost causes
     Give us a bar

You that take the bread basket
give it again to the same ones as always
city of fatuous fires and cemented bodies
     Finish of the judicial and tell it to bathe in the river

For the workers that force scorpions into their bones
to tolerate the drunkenness of the night
for those women who after working ten hours
sell their bodies hiding their identity

Saintly city of delinquent games
hide 'n seek and tag
anticity of *chinche al agua*
     Don't let us fall!

City of night watchmen without eclipses
pardon the pissed-off
Juárez of condoms

     Listen to us!

Northern border city
episodic city
hybrid city
     Grant us pavement

City line on the bridges
that always stenches of cold burrito

que hueles a pescado
        No nos dispares

Mago de los congales
casa de los masajes
Ciudad de los cangrejos en el río
        Queremos volar en primera clase

Tú que siempre estarás con los del otro lado
concédenos el reino
Por los kilos de los kilos de la coca
                                Amén

that smell like fish
    don't shoot us

Wizard of the whore houses
massage house
city of river crabs
    We want to fly first class

You that always sides with the others
concede us the kingdom
for the kilos of the kilos of *coca*

                      Amen

AFLUENTES / AFFLUENTS

*Esperar una prueba que las Aguas ya Eternas
han arrojado a las bohémicas costas de este mundo?*
                    — **Wislawa Szymborska**

AFLUENTES / AFFLUENTS

Who needs more? Why expect to see
the proof, snatched up once by the Greater Sea,
then cast upon this world's Bohemian shore?
        — **Wislawa Szymborska**

R

Después del diluvio la palabra fue la tierra
y bajamos los puentes

Después de los puentes la palabra fue el silencio
y la tierra   arroyos

Después del silencio nos metimos en el agua
Y trenzamos redes con las hebras de este río

R

After the flood the word was earth
and we descended bridges

got down from

After the bridges the word was silence
and the earth   streams

After the silence we submerged ourselves in water
and braided netting with the stream's thread

sequence of events

I

Y llegaron tanto sombras como soles
tanto soles
como dioses
tanto dioses
como lunas
y éstas no paraban de llover

esa noche
bajamos
la espina
de la lluvia

al desfallecer el canto
Subimos a cuestas las aguas del río

I

[*people*]

And as many shadows arrived as suns
as many suns
as gods
as many gods
as moons
and they never stopped raining

that night
we descended
the vertebra
of the rain

when the song died
We carried up the river water

thinking it talks about how people used the river to pass through it & when they cross is how they carried up the river water

O

Al desprenderse del desierto
salió a buscar el rastro de los ríos
entre el sueño viejo de las hormigas

Habrá que sorprenderse
de no encontrar bajo la almohada
pequeños trazos del diluvio

Observará en su delta a las hormigas
caminará la línea oblicua del desierto

O

When abandoning the desert
he left in search of the river's remains
between the ants' old dream

He will be astonished
when he does not discover beneath the pillow
fractalized traces of the flood

He will observe ants in their delta
walk the oblique edge of the desert

V

En el pueblo del maíz
hay un diluvio que espera
que yo alcance el signo frágil
la primera gota de agua

entre los sueños protejo
la noche de los lagartos
logro encender a la lluvia
sacrificar una hoguera

como la estrella del día
perdida en lejano cielo
mi futuro en las cenizas
busca un lagarto en la plaza

soy el hombre de maíz
soy la danza en el diluvio
soy la lluvia de las lunas
que se incinera entre dos ríos

V

In the pueblo of maize
there is a flood that waits
for me to reach the fragile sign
the first drop of water

between dreams I protect
the night of the lizards
I manage to arouse the rain
sacrifice a fire

like the morning star
lost in the distant sky
my future in the ashes
looks for a reptile in the plaza

I am the man of maize
I am the dance of the flood
I am the rain of the moons
that burns between two rivers

E

Cuerpo como casa
casa como río

Virgen de la cueva
llueve en el desierto

Haya aquí un diluvio
en el mediodía

E

Body like house
house like river

Virgin of the cave
it rains in the desert

May it flood
at midday

R

Arena azul   el fósil de la lluvia

recuerdo de otros pueblos   otros mares
que comparten silencio

Las dunas son las páginas

transcriben la memoria
de un camino que nunca encontraremos

R

Blue sand   the rain's fossil

nostalgia of other pueblos   of other seas
that share silence

The dunes are the pages

transcribe the memory
of a path we will never find

T

Navegar desiertos es difícil
        basta una vela
                para encender el fuego

Marchar por la tormenta
        y calcinar la nave
                        rogar por lo imposible

Trazo el curso de todos los mapas
y quedo separado por las márgenes del río

Soporto   todo el día soportar la lluvia
        y en la noche contemplo a los sahuaros

al comer de su fruto
        el limbo que nos lleva a la prisión
                la celda de sus huesos

T

Navigate deserts is difficult
    a candle is enough
        to ignite the wind

March through the storm
    and burn the ship
        beg for the impossible

I trace the course of all maps
and remain separated by the river's margins

I tolerate   all day I tolerate the rain
    and at night I contemplate sahuaros

when eating from its fruit
    the limbo that leads us to prison
        the cell of its ribs

E

Habrá que ver sahuaros
que crecen con la más mínima lluvia
unos florecen   otros se desfloran

Desenterrarles sus secretos
y no comprarlos en la plaza

Sahuaros habitables
la mirada de todos

Sahuaros orgullosos
probablemente lleguen a contar sus aventuras

Temer que este desierto
que hoy tiene tantos brazos espinosos
haya destilado la primera gota del monzón

E

cactuses?

You will have to see sahuaros
that grow with minimal rain
some flower   others wither

Uncover their secrets
and not buy them at the plaza

Habitual sahuaros
everyone's gaze

Proud sahuaros
they will live to tell their adventures

Fear that this desert
that today has so many thorns
has condensed the first drop of the monsoon

B

Por haber escuchado la palabra río
Beberás
    cristal latiendo en fuego

Por haber repetido la palabra puente
Te verás
    expuesto a un sol que hiela

Por haber pronunciado la palabra lluvia
Sentirás
    tu piel desmoronarse

y buscarás refugio en el naufragio
serás el alimento de los buitres

descansarás entre el misterio de tus hojas
doblegarás una montaña ante el diluvio

      sobre las calles de una ciudad
      te irán a preguntar sus habitantes
      si alguna vez han de volver las rocas
      sobre la arena del desierto

B

For having heard the word river
You will drink
    crystal beating in fire

For having repeated the word bridge
You will find yourself
    exposed to a sun that freezes over

For having pronounced the word rain
You will feel
    your skin crumble

and you will look for refuge in the shipwreck
you will be the vultures' prey

you will rest between the mystery of your leaves
you will force a mountain to yield before the flood

    in the streets of a city
    their people will ask you
    if the rocks will ever return
    to the desert sand

R

Al nadar sobre las dunas divergentes
junto al río en que la lluvia se diluye
la roca teme al desierto

Se ha solidificado el horizonte
alza el vuelo
el viento al sur escapa   al
                             sentir
                             un
                             sahuaro
                             su
                             caída
                             el viento sur
                             le arrebata
                             la sombra

R

When swimming over divergent dunes
next to the river that dilutes the rain
the rock fears the desert

The horizon solidified
extends the flight
the wind escapes to the south   when
                                                    a
                                                    sahuaro
                                                    senses
                                                    its
                                                    fall
                                                    the southern wind
                                                    seizes
                                                    its shadow

A

Danos tu rostro azul
las nubes grises
la lluvia por la espera

Concederemos los primeros segundos de este día

para entrar en tu rostro
por tu enjaulado reino
tu inmaculada concepción

Vamos a cruzar inmemoriales aguas subterráneas

poco antes de lograr
desvanecernos
en el nuevo siglo

Déjanos confianza en la siguiente lluvia

A

Give us your blue face
gray clouds
awaiting rain

We concede the first seconds of this day

to enter your face
through your caged reign
your immaculate conception

We will cross immemorial subterranean waters

before
we vanish
into the new century

Grant us faith in the next rain

L

Si el río viento sopla en el desierto
Roja la arena
El puente la destila

Algunas veces viento rojo sopla
Entre algún puente
A veces son los pueblos

Arena roja baja de este lado
Rojo espejismo
Revelación del río

Si el río viento muere en el desierto
Arena roja
Si sopla el viento seco

Confieso haber llegado a este santuario
A hurtar la lluvia
a disecar la noche

¡Yo sé dónde se esconde este diluvio!

L

If the river wind blows in the desert
Red sand
The bridge distills it

Sometimes red wind blows
Between some bridges
Sometimes only the towns

Red sand descends this side
Red illusion
River's revelation

If the river wind dies in exile
Red sand
If the dry wind blows

I confess arriving to this sanctuary
To steal the rain
To dissect the night

I know where this flood masquerades!

Diluvio / Flood

*Luego los dioses dispusieron que la tierra se
volviera a llenar de agua y que ésta corriera
por todas partes y cayera en los abismos y los
barrancos y los rebosara y subiera sobre las
rocas y los montes y más allá de los picachos
de las más altas cimas y rozara el fleco de
las nubes. Así sucedió. Esta inundación,
que duró muchas lunas, lo destruyó todo.
Todavía los dioses hicieron nuevos seres con
su nueva sustancia.*

—Popol Vuh

Diluvio / Flood

First the earth was formed, the mountains and the valleys; the currents of water were divided, the rivulets were running freely between the hills, and the water was separated when the high mountains appeared

— **Popol Vuh**

NUBE NEGRA

Vas a llorar sola al buscarme entre Sahuaros

Podrás partir el cielo
                        imaginar la historia
oscurecer el viento
                        podrás nombrar la noche

Podrás llegar por ventanas inconclusas
por la yugular del río   entre afluentes
y piedras
                donde la esquina se derrama

Habrás de llorar sola
                        de luto y a escondidas
las horas muertas
                        sobre pueblos de antigua noche
        y al fin merecerás la lluvia

Junto a hombres sin viento
verás el árbol de roca incandescente
        y en el agua
                        y en el río
                                los testigos
jurarán que el viento consumió mi cuerpo

Si al rescatarme   nube negra
recogieras cenizas de mis alas

        muy sola llorarás al ver mi cuerpo en la llanura

BLACK CLOUD

You will cry alone searching for me amongst sahuaros

You could part the sky
            imagine the story
darken the wind
            you could name the night

you could arrive through inconclusive windows
through the river's jugular   between affluent
and rocks
            where the corner spills

You will have to cry alone
            mourning and hidden
dead hours
            over towns of antique nights
    and at last you will deserve the rain

Next to men without wind *shining*
you will see the tree of incandescent rock
    and in the water
            and in the river
                the witnesses
will swear that the wind consumed my body

If upon rescuing me   black cloud
you gather my wings' ashes

        when you see my body in the plains you will cry alone

TEMPESTAD

> *Oi er Rain.   Tspe it are*
> *Pi e – still   the pilthe in bet*
> **John Cage**

Un escenario azul se extiende por la arena

derrama sombras el grifo
       y en la espiral del rayo
              se pierden las estrellas

hay un diluvio en el desierto
       el viento sopla
              hay un diluvio

encuentro anzuelos
       arco iris   lluvia
              entre las redes

sobre las manos tersas de la arena
crece el árbol del monzón

TEMPEST [violent windstorm]

> *Oi er Rain.   Tspe it are*
> *Pi e – still   the pilthe in bet*
> **John Cage**

A blue stage extends through the sand

the spigot leaks shadows
            and in the lightning's spiral
                        the stars lose themselves

there is a flood in the desert
            the wind blows
                        there is a flood

I find hooks
            rainbows   rain
                        between nets

over the rough hands of the sand
the monsoon tree grows

ESTRATOS

> *La lluvia*
> *inunda con su fuego; sus manos*
> **Coral Bracho**

transformen los cielos
determinen el canto de la lluvia

breve
utopía
de
cirros

acá en esta ladera
ya se logró
una condensación anticipada

STRATUMS

> *La lluvia*
> *inunda con su fuego; sus manos*
> **Coral Bracho**

may the skies transform
and determine the rain's chant

brief
utopia
of
stratums *layers of material*

here on this side
they already achieved
an anticipated condensation

II

dejaré que la lluvia y las palabras
me dirijan al ritmo del monzón

se escribirá la estrofa
mientras *la lluvia inunda con su fuego*

la espalda de aquel cerro jorobado
que esconde al sol

II

I will let rain and words
direct me to the rhythm of the monsoon

the stanza writes itself
while the rain inundates with its fire

the back of the hunched hill
that conceals the sun

III

Llueve tanto

que hay   ahogados

en este desierto

III

It rains so much

      men   drown

           in this desert

ÁRBOL DEL MONZÓN

Una gota de agua poderosa basta
para crear un mundo y disolver la noche
Gastón Bachelard

Vuelven las lluvias   al fondo del jardín
un árbol viejo   se oscurece el día
regresan las lluvias   vuelven los recuerdos
un río   aprisionado   en sus vertientes

un mundo añora   volver a este río
dos ciudades   se disputan   el pasado
sobre un puente   que ha temblado   frente al viento

hay un cielo de diluvio
que se oculta en una esfera de cristal

árbol del monzón   llueve luna   llueve
en estas ciudades   hay bocas sin lluvia
fronteras   destierro

MONSOON TREE

Una gota de agua poderosa basta
para crear un mundo y disolver la noche
Gastón Bachelard

The rains return   to the depth of the garden
an old tree   the day darkens
the rain comes back   memories return
a river   imprisoned   in its slopes

a world longs   to return to that river
two cities   dispute   the past
over a bridge   that has trembled   in front of the wind

there is a sky of flood
that hides in a crystal sphere

monsoon tree   rains moon   rains
in these cities   there are mouths without rain
borders   exile

CONTEMPLACIÓN

De lluvia es el desierto
De lluvia las ciudades que lo habitan
   La lluvia para ahogados
      de puentes y fronteras

Regreso a casa
    También lloverá
      Regreso a casa

Llueve de tiempo
         llueve despacio
Llueve de espaldas
        junto al de enfrente
Llueve en la superficie
        de una gota de agua
Llueve en silencio
        sobre el mar de fondo
    Y llueve entre las vértebras del río

La lluvia en nuestra ropa
    La lluvia en el cielo
       La lluvia en astrolabios
         Llueve del otro lado

Llueve al filo del agua

    Durante el día
      el camaleón se esconderá en la lluvia
  porque de noche
      solamente lloverán gatos pardos
  Si llueve en el desierto llana será la lluvia

CONTEMPLATION

Of rain is the desert
Of rain the cities that inhabit it
      Rain for the drowned
             of bridges and borders

Return home
      It will also rain
            Returning home

It rains time
            it slowly rains
It rains backwards
            next to the one in front
It rains on the surface
            of a drop of water
It rains in silence
            over the deep sea
    And it rains between the vertebras of the river

The rain on our clothes
      The rain in the sky
            The rain in the astrolabes
                  It rains on the other side

It rains at the border of rain

    During the day
        the chameleon will hide in the rain
    because at night
        it only rains dark cats
    If it rains in the desert   plain will be the rain

Navegante / Navigator

como un árbol de venas es tu espectro
de diosa oscura que muerde manzanas:
al despertar desnuda entonces,
eres tatuada por los ríos

— **Pablo Neruda**

NAVEGANTE / NAVIGATOR

like a veined tree your specter
of a dark goddess that eats apples:
when you awakened, exposed,
you were tattooed by the rivers

—**Pablo Neruda**

Primera relación

El torrente de las calles nos recuerda el arca
    se esconde
           entre las hierbas y los cántaros
    en la rivera
    hay que voltearle   el rostro al mar adentro
pensar
       en los momentos del diluvio
   volver a la tormenta   comprender
       que hacemos pausas
       nos disolvemos en la arena
       regresamos al manto
          por el delta
        de un río   de una lluvia
    donde hay vidas   donde hay noches
      donde hay puentes y avenidas
         con torrentes más finos que la muerte

FIRST CHRONICLE

The torrent of the streets reminds us of the arc
    it hides
          between herbs and pitchers
     in the stream
you will have to turn   your face towards the sea
    think
about the moments of the flood
return to the storm   comprehend
       that we pause
      we dissolve in the sand
      we return to the mantle
         through the delta
      of a river   of a rain
    where there is life   where there are nights
     where there are bridges and avenues
       with torrents finer than death

DIARIO DE NAVEGACIÓN

río bravo
  de noche te encuentras al mojado más hermoso
    río blanco
      un breve cardumen se desliza entre tus dunas
        río negro
          hay un baúl de cuarzo en la noche de los ciegos
            río azul
              arranca de las sombras la danza de los dioses
                río verde
              cascada de jade como la crin del cielo
            río claro
          sed de las virtudes y de nuestras tentaciones
        río amarillo
      las águilas sacuden el azafrán del suelo
    río rojo
  una ánfora extraviada se encuentra en tu caudal
río grande
a diario entrelazo puentes para no mojarme

[handwritten: Majodo - illegal immigrant / wet]

NAVIGATION LOG

río bravo
   at night you discover the most beautiful *mojado* [handwritten: - wet]
      white river
         a school of fish slides between your dunes
            black river
               there is a chest of quartz [handwritten: shiny] in the blind men's night
                  blue river
                     pull the gods' dance from the shadows
                        green river
                     jade cascade like the sky's mane
                  clear river
               thirst for virtue and for our temptations
            yellow river
         eagles shake saffron from the earth
         red river [handwritten: wave sea]
      a lost amphora lays in your riverbed
      río grande
daily I interweave bridges to keep my back dry

VERTIENTES

Éste es el camino de los siete siglos
éste no es el río

es la montaña que nombramos silencio
no es *el paso*

Ésta no es la barca
son nubes de acaso   el horizonte

tampoco es el río
un lirio que flota sobre manantiales

        Ésta es la corriente que baja vertientes
        pero no es el río

        es el sendero de traficantes
        que trazan el cauce

        bosquejo que al trazar el rayo
        dibujó en las rocas

        casa de los caracoles
        pero no es el río

INCLINATIONS

This is the journey of the seven centuries
this is not the river

it is the mountain we name silence
it is not *el paso*

This is not the ship
they are barely clouds   the horizon

neither is it the river
a lily that floats over the spring

> This is the current that descends steppes
> but it is not the river
>
> it is the drug trafficker's path
> that crosses the riverbed
>
> outline that upon tracing lightening
> sketched on the rocks
>
> house of sea shells
> but it is not the river

Éstas son las rocas
que esconde la savia

es el arroyo
de algunos ahogados
las brazas de los nadadores
al sur del torrente

hay aquí una muerte que flota en las aguas
este es su reflejo

        la sangre del ave llueve lentamente
        un cielo escondido

        las figuras grises seguimos el cauce
        entre los helechos

        Éste es el río
        camino al exilio

        éstas son sus aguas siguiendo su curso
            aquí yace el río
                suma de vertientes

                    éste sí es el río

These are the rocks
that hide the sap

it is the stream
of some drown men
the swimmers' strokes
south of the torrent

here death floats in the waters
this is its reflection

        the birds' blood slowly rains
        a hidden sky

        we gray figures follow the riverbed
        between the ferns

        this is the river
        journey to exile

        these are its waters following their course
            the river lays here
                sum of inclinations

                this is the river

ATARDECER

He visto   oscuro río   tus sueños descansando
en el fondo de un roble desnudo

Has dejado escarcha bajo el manto
    al vuelo
        de tu abundante noche

    Has crecido
        al ras de ese puente
            que cerró
                y
                abrió ventanas
                    mientras el diluvio
                        segaba los llanos

Hemos
    visto   al ciprés
        arrodillarse   ante la mirada
                        del invierno

Han borrado el horizonte de tu pueblo
oscuro río
bajo las alas de algún cuervo
que atajó tu mirada

    hemos compartido el rumbo
    bajo la pobre luz
    de un farolillo amarillento

        Ha dejado el girasol atravesar sus pétalos
            las sombras de cometas

NIGHTFALL

I have seen   obscure river   your dreams resting
in the depths of a nude oak

You have left frost beneath the cloak
    to the flight
        of your abundant night

    You have grown
        flush with that bridge
            that closed
              and
                opened windows
                  while the flood
                    reaped the plains

We
    have seen   the cypress
      kneel   before the gaze
                    of winter

They have erased the horizon of your pueblo
obscure river
beneath the wings of some raven
that interrupted your gaze

    We have shared the way
    beneath poor light
    of a yellowish lantern

    The sunflower has let the shadows of comets
        cross its petals

Has jurado
          frente al río
                    escarcha   en el claroscuro
                         los murmullos   de ese puente
                                        junto al viento

Y he visto   oscuro río   a los árboles beber
                              de los últimos rayos de tu tarde

You have sworn
   in front of the river
       frost   in the clear darkness
          the murmurs   of this bridge
                    next to the wind

And I have seen   obscure river   the trees drink
           from the afternoon's last rays

ÚLTIMA NAVEGACIÓN

Estamos aquí para que se nos vuelva a enseñar
lo que es el Hombre, ya que en otros tiempos se
le conoció

Antonin Artaud

Llegar descalzos a la orilla
llegar y navegar

hasta el naufragio
de otro río   que nos vuelva a enseñar
lo que perdió la vida

Reconocernos
ya que en otros tiempos se le conoció

llegar sin las manos   llegar sin los ojos
llegar sin los pies   flotar
pescar

en aguas subterráneas

surgir de la lluvia
abrir cuencas remotas y sumergirnos

en otros tiempos
en otros tiempos lo perdimos todo

que se nos enseñe   la primera vuelta
que se nos enseñe   el ir navegando
desgajar el agua

que se nos enseñe
bajo superficies

hallar el naufragio

Last Navigation

> *Estamos aquí para que se nos vuelva a enseñar*
> *Lo que es el Hombre, ya que en otros tiempos se*
> *le conoció*
>
> **Antonin Artaud**

Arrive barefoot to the shore
arrive and navigate
                          until the shipwreck
of anther river   let them teach us once again
what life lost
                          Recognize
what was known in other times

arrive without hands   arrive without eyes
arrive without feet   float
fish
          in subterranean waters

emerge from the rain
open remote river basins and submerge ourselves

in other times
in other times we lost everything

          let them teach us   the first turn
          let them teach us   to navigate
          slice the water
                    let them teach us
          beneath surfaces
                    to discover the shipwreck

de lo que es el Hombre
que se nos enseñe
volvemos a dar la primera brazada
alzamos los remos del frágil esquife
ésta es la última navegación del río

of all that is Man
let them teach us
let us return to give the first stroke
we raise the oars of the fragile boat
this is the last navigation of the river

DESIERTO / DESERT

Recorrí la ciudad y encontré un cine de majestuosas proporciones. Adentro, la oscuridad sólo servía de telón a un juego de luces artificiales. La pantalla no tenía principio ni fin.

Abismado en la visión, contemplé un punto de excepcional brillantez que aparecía al centro de la pantalla. El punto fue creciendo hasta radiar una imagen sin fronteras, un horizonte en continuo crecimiento: cielo azul y arena del desierto

—Alberto Blanco

Desierto / Desert

I wandered through the city and I came across a theater of majestic proportions. Inside, the darkness served as a curtain to a set of artificial lights. The screen did not have a beginning or end.

Lost in the vision, I contemplated a point of exceptional brilliance that appeared in the center of the screen. The point grew until it measured an image without borders, a horizon in continuous growth: blue sky and desert sand

—Alberto Blanco

EL SILENCIO

> *The poet is silent*
> *Rain falls*
> **Zbigniew Herbert**

Es la hora   del silencio

Es la hora   de guardar cada segundo
por el resto   de los días

Es la hora   de los sueños

Guardarás el más mudo silencio
a la orilla de un océano
que nunca ha dejado de observarte

Guardas silencio
ahora te escondes entre el cieno
de un mar que olvidó el horizonte

Ayer vi que te escondías
tras una roca
al levitar un mar

Aun guardarás tus noches trilobites
te encargas de ahuyentar los días
has estado predispuesto

THE SILENCE

the poet is silent
rain falls
Zbigniew Herbert

Repetition

It is the hour   of silence

It is the hour   to savor every second
for the rest   of time

It is the hour   of dreams

You will observe the most mute silence   *Imaginary*
at the shore of an ocean
that has never ceased to observe you

You are silent
now you hide in the mire
of a sea that forgot the horizon   *sunset*

Yesterday I saw you hide
behind a rock
when the sea levitated

You will watch over your nights Trilobites   *extinct marine arthropod*
you placed yourself in charge of scaring away days
you have been willing

Hoy escarbé las venas de un mar ausente
entre la miel y el cieno
de una playa que olvidó la luna

Me atreví a buscar entre la resequedad del viento
flores y huesos de un volcán que no despertó

Pude al fin desenterrar tus sueños
guardar por un segundo la ilusión

Hoy al fin desenterré tus sueños
guardé cada segundo de silencio

Today I uncovered the veins of an absent sea
between honey and mire
of a beach that forgot the moon

an absurd place?

I dared to look between the dryness of the wind
flowers and bones of a volcano that never awoke

I managed finally to uncover your dreams
savor for a second the illusion

Today I finally uncovered your dreams
I kept every second of silence

*holding onto
the secret of
dreams*

HORIZONTES

Despiertas con el cascabel de una serpiente
que intenta adivinar el origen de tus años

Su lengua de granizo palpitante
recorre tus escamas y las peina

Pretende acariciar las mudas de tu piel
confunde al arco iris con el prisma de tus ojos

Encuentra tan difícil comprender
tu larga y honda pena en la prisión de un cauce

Se mece sobre el lecho de tu oculto nacimiento
pregunta por la nitidez

Encuentra incomprensible perdonarte si cantas
y busca entre las piedras

      este día   igual que el anterior

        tampoco entenderá

HORIZONS

You awake with the snake's rattle
that attempts to guess the origin of your years

Its rough pulsating tongue
runs your scales and combs them

Pretending to caress the changes of your skin
it confuses the rainbow with your eye's prism

She finds it very difficult to understand
your long and profound imprisonment in the riverbed

She rocks over the bed of your obscure birth
asks for clarity

She finds it incomprehensible to forgive you if you sing
and looks amongst the rocks

      this day   like the one before

      she will not understand

BRACEROS

Será que al repartirnos
      medianamente oscuros

sin quererlo
        desearlo

     con los redondos rostros
     ojos también redondos
     los codos   las rodillas

algún cobre forjado
en fuente del jardín de las delicias   acaso el norte?

siguen surgiendo rostros
en muros de carbonizadas rosas

     por costumbre
     sonríes
     colores
     cuerpos que se acoplan

sobre persianas amarillas
desteñidas como soles

     acércate unos rostros delicados
     [des]cubiertos
     con celofán de polvo transparente

sonreirás   al fin sonreirás
tristemente

BRACEROS

Could it be that when dividing ourselves
        barely dark

without wanting it
                desiring it

        with round faces
        eyes also round
        elbows   knees

some forged copper
in a fountain of the garden of delicacies   perhaps the north?

faces always arise
in walls of carbonized roses

        by custom
        you smile
        colors
        bodies grow close

over yellow curtains
discolored like suns

        delicate faces draw close
        [un]covered
        with transparent dust cellophane

you will smile   at last you will smile
sadly

121

                    abandonar tu cuerpo
                    de su follaje
        y levantar los brazos

                    todas aquellas
                    decisiones acostumbradas
                    al viento
        sobre el desierto
                    la imagen del diluvio
                    sobre las vías
        del tren
                    donde se ahogaron

                                    los braceros

abandon your body
of its foliage
and raise your arms

all of those
accustomed decisions
to the wind
over the desert
image of the flood
over the train
tracks
where the *braceros*

drown

as though foliage / shrubs
were used to conceal only
people in the desert
to make you think of
people drowning in
de peud

Tone

ROMPEVIENTOS

It is necessary to invent, to recreate, in order to lend
verisimilitude to [t]his discursus

Paul Virilio

armar una   caída
    sobre   uñas   derramadas
palabras

        desliz

          temblor

  fragilidad
        vagas sagav
   el   escenarioen   un   espejo

        [in] mortalidad
     deun   preciso   segundo
armando   los gerundios
    huellas y copias   el río vertebral
reflejo reflejado   borde-sombra-borde
  [di] simulación
         vuelve
      hombrehambrehembra
        regresa
sobre   contradicciones
        vuelve
  el/la presencia   en   la   distancia

alambre
    ciego/ ciegamente

WINDBREAKERS

It is necessary to invent, to recreate, in order to lend
verisimilitude to [t]his discursus

Paul Virilio

to arm   a fall
          over spilled nails
words

                  slide

                        tremble

        fragility
                  you wander   rednaw uoy
          the   stage   in   a   mirror

                        [in]mortality
          ofa precise   second
arming   gerunds
          footprints and copies   the vertebral river
reflected reflection   edge-shadow-edge
          [de]   simulation
                              returns
                  manhungerwoman
                              returns
over   contradictions
                              returns
          he/she presence   in   the   distance

wired
          blind/blindly

CREER

Luztenue
Sobre el remolino
De tu **sombra**
También   tú contigo   con tu   *sombra*

armar la [m/ s]uerte de la poesía
de la oesía
también de la oe ía

En un
Daguerrotipo
De un
PULSAR   dilécticO

nada
silencio coordinado
nada
transparencias   rostros
de los / de la
fronteranort   E   spera a que
regrese   a   ArmAr
tu río vertebral
tu flujo
calles
pausas
tusemáforosazules
Azules

BELIEVE

Softlight
    Over the windmill
        Of your **shadow**
    Also   you with yourself   with your   shadow

    Arm the fat[al/e] of poetry
    of oetry
    also of oe y

In a
    Daguerreotype
        Of a
PULSAR   dialectic

[handwritten: photographic process / image made / light sensitive · silver coated]

[handwritten: answers are detend.. by using conversation involving Q & A]

[handwritten: emitting intense / regular bursts of / radio waves]

        nothing
      coordinated silence
        nothing
transparencies   faces
    of the
Northern borde R equests that
I return   to   Arm
      Your vertebral river
      Your flow
      Streets
      Pauses
      Yourbluestoplights
        Blues

LA POESÍA DEL DESIERTO
POR JULIO ORTEGA

Juan Armando Rojas es el primer poeta en asumir la ciudadanía de la frontera. Nacido en México, estudiante de literatura en las Universidades de Texas, El Paso, donde tuvo como maestro a Alberto Blanco, y de Arizona, en Tucson, donde culminó sus estudios. Rojas ha conocido la vida cotidiana de la frontera mexicano-norteamericana, a la que Carlos fuentes llamó "la cicatriz," pero también ha reconocido su propio lenguaje en ese tránsito entre el río y el desierto. La frontera, después de todo, no es sólo un drama político y un dilema económico. Es también una dimensión del conocimiento: el entrecruzamiento de la vida y la muerte y, por eso, el lugar donde el lenguaje recomienza como si el mundo dado por perdido tuviese un día más suyo. La frontera es un escenario primario y cósmico, tanto como es un fin del mundo social, una reiterada recusación de humanidad. En ese escenario y con esas evidencias, el poeta traza un nuevo mapa como quien lanza una red al vacío: la frontera está hecha por un río, que promedia entre dos desiertos, y por las huellas de los que murieron y los que huyeron, por el nomadismo tribal de los fundadores de la nueva ciudad de los hombres. Este segundo libro de Rojas nace, así, como el documento inaugural de esta ciudadanía peregrina, la de los que habiendo cruzado el Río Bravo/Grande, y habiendo atravesado el desierto, han ganado un nuevo derecho a la palabra.

Este río viene de más lejos. Y este desierto no ha cesado de crecer. Se trata de un río mitológico donde la historia se ha transformado en leyenda y donde la naturaleza ha adquirido el poder de un lenguaje mágico. Circulan en este río los animales del origen, las plantas del jardín perdido, y los navegantes de una nueva fundación. Pronto advertimos que este río es una alegoría del propio lenguaje, y fluye como un relato no por fragmentario menos articulado. Como tal, se trata de una fuente del habla, de una matriz discursiva que desata lo atado y deja fluir los nombres en su corriente clara y majestuosa, como una deidad tutelar.

El río, había escrito, T.S. Eliot, es un viejo dios que atraviesa la ciudad convirtiéndose en un problema de ingeniería. Este río de

Rojas, en cambio, se proyecta cósmico y enigmático, hecho para una navegación prometida. Por eso, es aquí concebido como un "río vertebral," como un cuerpo humanizado. Las secciones del libro, en efecto, corresponden a esa construcción ósea: después que el poema inicial nos introduce al viaje por sus aguas; la segunda sección, "Fronteras," representa las siete vértebras cervicales; "Afluentes," corresponde a las dorsales; "Diluvio," a las lumbares; "Navegante," al hueso sacro; y "Desierto" al cóccix. De modo que el libro se organiza como una columna vertebral, como si ésta fuese la alegoría del libro mismo, eje y sostén de un árbol humano, flexible como el río y vivo como sus aguas. Con esta metáfora interior, Juan Armando Rojas no se ha propuesto un mero artificio referencial, sino un principio de organización capaz de armar por dentro un libro que de por si discurre sin principio ni final; en el puro transcurso de su lenguaje de agua del Bravo, líquido como la sangre de sus héroes agonistas, y mojado como los trabajadores migrantes perseguidos. Además, la alegoría sugiere que el libro es un cuerpo vivo, y quien lo toca hunde las manos en su humanidad.

Para iniciar la travesía Rojas elige, con buen sentido, el tratado de ríos, selvas y desiertos que es los *Naufragios* del explorador, brujo y transculturado Alvar Núñez Cabeza de Vaca, quien habla del mucho trabajo que cuesta atravesar el río en un día. Este gesto evoca, de inmediato, el gran libro de William Carlos William, *In the American Grain* (1925) que empieza con Eric el Rojo atravesando los hielos, sigue con Colón salvando los mares, con Cortés buscando el oro en México y con Ponce León persiguiendo la fuente de la juventud en Puerto Rico, y prosigue con De Soto recorriendo el sur del continente (menciona, de paso, a Cabeza de Vaca: "Lived hard and saw much," como buen explorador del río y del desierto). Antes de entrar al *Mayflower* que navega hacia las colonias norteamericanas, William Carlos Williams ha trazado el linaje español de una idea de Estados Unidos como parte de un mapa inclusivo, hecho por estos trayectos de exploración, conquista y transformación. Este modelo reaparece en Rojas, ya no como una saga nacional sino como un gesto post-nacional, donde la suma heroica de las gestas se ha convertido en la resta trágica de las exclusiones. Empezar, por eso, rescribiendo a Cabeza de Vaca lleva a proseguir con el gran poeta de Paterson, New

Jersey. Pero continuar por este río con bravura conduce directamente al desierto.

El desierto esta aquí abriendo su extensión como un libro en blanco sobre el cual los pasos extraviados son una escritura de la sobreviviencia, una traza del tiempo actual, un mapa de México en el futuro de los Estados Unidos. El desierto es lo menos desierto que hay: lo atraviesan las tribus nómadas y puntuales, y lo inundan las lluvias como una tinta renovada. "Yo soy la ciudad en medio del desierto," empieza el poema: el hablante se define por el lugar de origen y el lugar de destino; viene él de la ciudad, que lleva consigo, pero está en medio del desierto, como el oasis del lenguaje en que enumera la inclusión de un nombre en otro (yo, ciudad, desierto); y así, el hablante es "el camino/ hilando vidas," esto es, el poema que conduce a la tribu a través de un desierto convertido en canto. "El puente" es uno de los poemas que más directamente asume la suerte de los migrantes: al modo de un catálogo, enumera el paisaje de la violencia que suma personajes y hechos, en la mecánica casual de una vida que reproduce su propia extinción. Por ello, se trata, en verdad, de una suma historiada (Un río/ Dos Países/ Tres culturas...) que termina en una resta social (Cinco mojados esperan... Dos pachucos riñen... Uno muere"). De su propia ciudad, Ciudad Juárez, el poeta dice más: "tan sola tan enteramente sola/ tan alejada de Jerusalén." Pero también aquí, el lenguaje es la ruta de salvación: "Oramos por la migración de los mojados." El poema se desdobla en oración, porque en su verbo conjugado el nombre plural gana el poder del canto.

Por eso, en este libro estamos al día siguiente de las denuncias (que ocuparon a nombre de la justicia en este mundo a los poetas de una generación anterior) y en las vísperas de una saga colectiva, dueña por fin de su propio relato. Con las palabras a su favor, entonces, esta comunidad imaginada y, así, salvada, es capaz de remontar el comienzo, de transformar los órdenes dados, y de construir un espacio propio como si de rehacer el mundo se tratara: "Después del silencio nos metimos en el agua/ y trenzamos redes con las hebras de este río."

En esa nueva convicción, en la certeza de que por la voz del poema habla la apuesta de un reordenamiento radical, se sostiene ahora la convocación de los lenguajes que construyen la memoria y el deseo. El poema incluso se deleita en sus apelaciones cristalinas:

> Cuerpo como casa
> casa como río

> Virgen de la cueva
> llueve en el desierto

> Haya aquí un diluvio
> en el mediodía

Pronto el poema se aventura en su vocación visionaria, y conduce a su hueste fronteriza de mojados y braceros hacia las iluminaciones del desierto. "Confieso haber llegado a este santuario/ a hurtar la lluvia/ a disecar la noche," nos dice, porque entre el río y el desierto ahora el lenguaje promedia, trazando puentes de acceso, buscando hacer habitable la nueva casa común. "Déjanos confianza en la siguiente lluvia," reclama el poeta, con la esperanza de que el mundo se restituya a la conciencia religada y sea albergue de vida y no campo mortal.

Esta visión y esta fe en las palabras convierten a este poemario profundo y maduro en el primer libro de horas de la tribu vencedora del desierto gracias a las palabras salvadas de las aguas. Ese ritual purificador y esa alabanza del camino alienta en estos poemas donde sus versos transitivos encienden, de pronto, algunas rutas más ciertas.

La poesía, una vez más, prueba ser agua repentina del desierto.

POETRY OF THE DESERT
BY JULIO ORTEGA

Juan Armando Rojas Joo is the first poet to take on a Border citizenship: he was born in Ciudad Juárez, Mexico; he studied literature with Alberto Blanco at The University of Texas at El Paso; and he completed his doctoral studies at the University of Arizona in Tucson, Arizona. Rojas Joo knows the everyday life of the U.S.-Mexican Border, the one that Carlos Fuentes called a "scar", but he also has recognized his own language in this transit between the river and the desert. The border, after all, is not just a political drama and economic dilemma. It is also a dimension of knowledge: the intersection between life and death and, therefore, the place where language recommences as if the world once lost had one more day. The border is a primary and cosmic stage as well as the end of the social world, a reiterated rejection of humanity. In this stage and with this evidence, the poet draws a new map like he who casts a net out into the void- the border is made up by a river that runs between two deserts and through the footprints of those that died and those that fled; through the nomadic tribes of the founders of a new city of men. Rojas Joo's second book is born like the inaugural document of a pilgrimage citizenship, the citizenship of those that having crossed the Río Bravo/Grande, and having crossed the desert have earned a new right to the word.

This river comes from beyond and this desert has not stopped growing. This is about a mythological river where his- tory has transformed into legend and where nature has acquired the power of a magical language. Original animals, the plants of the lost garden, and the navigators of a new foundation circulate in this river. We soon discover that this river is an allegory of its own language, and flows, like a story, which maintains its cohesiveness even though it is fragmented. As such, it deals with a source of language, a discursive matrix that unties the tied and al- lows names to flow in its clear and majestic current, like a tutelary deity.

The River, wrote T.S. Eliot, is an old god that crosses the city converting itself into an engineering problem. Rojas' river, on the other hand, projects itself cosmic and enigmatic, made by a promised navigation. That's why it is conceived here like a Vertebral River, like a humanized body: the sections of the book, in effect, correspond to this osseous construction: after the initial poem introduces us to the journey through its waters, the second section, "Borders," represents the seven cervical vertebra. "Affluents" corresponds to the dorsal, "Flood" to the lumbars, "Navigator" to the sacrum bone and "Desert" to the coccyx. Thus the book is organized as a vertebral column, as if this was the allegory of the very book, axis and support of a human tree, flexible like the river and alive like its waters. With this internal metaphor Juan Armando has not just proposed a mere artificial reference, but a principle of organization capable of arming the structure of a book that already runs without a beginning or an end; in the pure course of its language of the Bravo waters, liquid like the blood of its agonistic heroes and wet like the persecuted migrant workers. Furthermore, the allegory suggests that the book is a live body and the reader who touches it sinks her hands into humanity.

To initiate the journey Rojas has tastefully chosen, the treaty of rivers, jungles, and deserts that is the Shipwrecks of the explorer, witch, and transcultured Alvar Nuñez Cabeza de Vaca, who speaks of the great difficulty of crossing the river in one day. This gesture immediately evokes the great book by William Carlos Williams, In the American Grain (1925) that begins with Eric the Red crossing the ice, followed by Columbus saving the seas and by Cortés looking for gold in Mexico and by Ponce de León pursuing the fountain of youth in Puerto Rico and continues with De Soto crossing the south of the continent (he mentions, in passing, Cabeza de Vaca: "he lived hard and saw much" like a good explorer of the river and the desert).

Before entering the Mayflower that navigates towards the North American colonies, William Carlos Williams has traced the Spanish lineage of the idea of a United States as part of an inclusive map, made by these journeys of exploration, conquest and transformation. This model reappears in Rojas Joo, no longer as a national saga, but as a postnational gesture where the sum of the heroic deeds has converted into the tragic remains of the exclusions. To begin, like this, rewriting Cabeza de Vaca leads to the great poet of Paterson, New Jersey. But to continue along this river with bravery, runs directly to the desert.

The desert here opens its extension like a blank book in which the lost steps are a journey of survival, a trace of actual time, a map of Mexico in the future of the United States. The desert is the least desert there is—nomadic and punctual tribes cross it and the rains inundate it like a renovating tint. "I am the city in the middle of the desert," the poem begins: the voice defines itself by its place of origin and place of destiny—he comes from the city, that he carries with him, but he is in the middle of the desert, like the oasis of language which enumerates the inclusion of one name in another (I, City, Desert) and this is how, the voice is "the journey/ weaving lives." This is the poem that leads to a tribe through a desert converted into chant. "The Bridge" is one of the poems that most directly take on the migrants' fate: like a catalog, it lists the landscapes of violence that summarize characters and events, in the casual mechanics of a life that reproduces in its own extinction. Because of this, it's really about a summative story (One river/ Two countries/ Three cultures…) that ends in the social residue (Five mojados wait…Two pachucos fight…One dies). The poet says about his own city that it is "so alone so entirely alone/ so far from Jerusalem." But also here language is the route of salvation: "We pray for the migration of the wetbacks." The poem unfolds itself in prayer, because in its conjugated verb the plural name wins the power of the chant.

That's why, in this book, we are a day after the denouncements (that occupied in the name of justice in this world the poets from the previous generation) and in the wake of a collective sage—owner at last of its own story. With words at its favor, then, this imagined and saved community is capable of returning to the beginning of transforming the spoken order, and of building its own space as if it were to remake the world: "After the silence we submerged ourselves in water/ and braided netting with the stream's thread." With the conviction that the poem's voice speaks the purest of a radical reordering, now the convocation of the languages that constitute memory and desire is sustained. The poem even takes pleasure in its crystal appeals:

Body like house
house like river

Virgin of the cave
it rains in the desert

May it flood
here at midday

Soon the poem adventures into its visionary vocation and directs its border army of mojados and braceros towards the illuminations of the desert. "I confess arriving to this sanctuary/ To steal the rain/ To dissect the night," it tells us because between the river and the desert now language runs, tracing access bridges, looking to make inhabitable the new common house. "Grant us faith in the next rain" reclaims the poet, hoping that the world may return to a rebinding conscience and that it may be life's shelter and not a mortal field.

This vision and this faith in words convert this profound and mature collection of poetry into the first book of the hours of the winning tribe of the desert thanks to the words saved from the waters. This purifying ritual and this praise of the journey reverberates in these poems where the transitive verses suddenly illuminate more certain routes.

Poetry, once again, proves to be unexpected desert rain.

Luz
Poemas (Trans)Fronterizos

Light
(Trans)Border Poems

Juan Armando Rojas Joo

Translated by Jennifer Rathbun

Serpientes y escaleras

¡Si fronteras, no más muros!

Snakes and Ladders

If borders, no more walls!

EL OTRO RÍO

O

Rí

Río

El río

Tanto río

Agua y río

Cruza el río

El hombre río

Al otro lado del río

Otro hombre es otro río

Sobre el otro lado de este río

Sin tu nombre al otro lado sin tu río

Te vas a ahogar al mismo río de este río

Al otro lado quedan tus huellas en el río

Aún persigan a su sombra al otro lado de su río

Cuando llueva al otro lado sin tu sombra sin tu río

Y encuentren su voz tu silencio el otro río

Ya se oye en el lamento vaga voz ese otro río

Ausente sin tu sombra sin tu espejo de aquel río

El agua oscura que al otro lado de este río

Yace en la orilla de aquel mismo río

Ahogada sobre el otro río

Abandonada en el río

Aquel lado del río

Vierta en ti río

La mujer río

Agua río

La ría

Ría

Rí

A

THE OTHER RIVER

Ri

Ver

River

He River

So much river

Water   and   river

Crosses   the   river

The   man   river

On the other side of the river

Another man   is   another river

Over the other   side   of this river

Not your name   the other side   not your river

You will drown   in the same river   of this river

On the other side   your footsteps remain   in the river

They still pursue   its shadow on the other side   of their river

When it rains   on the other side not your shadow   not your river

And they find   their voice   your silence   the other river

You'll hear   in the cries   vague voice   that other river

Absent not   your shadow not your mirror   of that river

The black water   that on the other side   of this river

Lies in   the bank of that   same river

Drowned   over   the   other   river

Abandoned   in   the   river

That   side   of   the   river

Run   to   you   river

The   woman   river

Water   river

She   river

River

Riv

er

In Memoriam

No la sangre
no la muerte
que el desierto que cayó
sobre la are
na y enterró
su porven
ir ya que al asir
se fuertemente
como para
nunca más
soltarse co
mo para detener la sangre si
el dolor
que llegará
hasta tu río
coagulado
si al dejar al
gún recuerdo no la san
gre de su muerte
si la nu
be solitaria en
el desier
to y la ba
llena azul
del cielo –que azul cielo–
no más muerte en
tu desierto
no la mezcla
pegajosa de
la lluvia con la sangre
que esta vez no ocultará

In Memory

Not the blood
not the death
the desert that fell
over the sa
nd and buried
her fu
ture since when she stron
gly grabbed
the sand
for dear
life as
if to hold back her blood if
the pain
that will arrive
to your river
coagulated
if upon leav
ing some memory not the blo
od of her death
if the solita
ry cloud in
the des
ert and the
full blue
of the sky –that blue sky–
no more death in
your desert
not the sticky
mixture of
the rain and her blood
that this time will not hide

porque muere
otra sirena
y
su desierto
triste triste con
su canto y con
el agua de su río
con su aliento y una sába
na de arena
cubrió su
dol
o
r

because another
siren dies
and
her desert
sad sad with
her chant and with
the water of her river
with her breath and a she
et of sand
covered her
pa
i
n

MALA COSTUMBRE

Aquello que se pierde,
como es tradición,
se lo lleva el río.

      Hay sobre su lecho,
      escombro:
            –zapatos sin tacón, cristales rotos,
            jirones de una vida excepcional–
sedimento de aquello que lo fue
      y sin embargo,
como un crisol de sombras y recuerdos confundidos
           la vida atisba y el perdón,
      – interminable ausencia, –
es una taza amarga de café que se bebe en soledad.

A diario, un río,
por cada río, encuentran un ahogado.
      Agua
      corre y purifica,
      al parecer, sin exigirnos nada.

Después llega el otoño,
del árbol, cicatrices,
disimulando el suelo,
hojas.

      Llueve. La lluvia arrecia,
con su ritual atormentado
      un sacrificio el río demanda.

BAD HABIT

Everything that is lost,
as tradition goes,
the river carries it away.

> Over the bed there is
> debris:
> > −broken glass, shoes without heals,
> > pieces of an exceptional life−
sediment of that which it once was
> and however,
like a melting pot of shadows and confused memories
> > life continues and pardon,
> −never-ending absence, −
is a bitter cup of coffee which is drank in solitude.

Daily, a river,
for every river, they find a drown man.
> Water
> runs and purifies.
> it seems, without asking anything from us.

Afterwards autumn arrives,
from the tree, scars,
covering the ground,
leaves.

> It rains. The rain grows stronger,
with its tormented ritual
> the river demands a sacrifice.

Mientras el pueblo ora y quema incienso,
palabra por palabra,
letra por letra,
hasta el virtual silencio,
el río apuesta, todo o nada.

Del otro lado cae la noche,
las
horas
bajan
— y después,
por la mañana,
que mala costumbre,
el
río

While the town prays and burns incense,
word by word,
     letter by letter,
          until virtual silence,
               the river bets, the winner takes it all.

On the other side night falls,
hours
fall
— and then,
in the morning,
          what a bad habit,
                    the

                              river

Un puente   un viaje   un río

Prendo el radio, oigo las noticias:
...lluvia de bombas sobre Irak...
...en un lugar (de la ciudad) que nadie quiere recordar
        dos muertas más han encontrado en el desierto...
– se dice que un barco ha navegado sobre el río
y en dunas del desierto naufragó–

        En esta ciudad
[cuyo nombre] nadie quiere recordar
        dos muertas más han encontrado en el desierto...

En la ciudad del sur
un ingeniero improvisó
        un puente libre pa' viajar al otro lado,
y no tener que andar mojándose la espalda,
al jale seco y presentable ir
– dicho así, los gringos le robaron sus ideas,
el puente imaginario construyeron
y empezaron a cobrar bajo un tratado,
por cruzarlo o no cruzarlo, – este puente imaginario
donde un niño escribe de la ciudad historias
        en un barco de papel
y en el río lo deja navegar.

Desde este puente muy muy largo,
maquilado pa' distancias recortar,
montañas enarbolan estrellas por la noche,
hay barcos que navegan extraviados,
y blancos elefantes

A Bridge a Journey a River

I turn on the radio, listen to the news:
…*it's raining bombs over Iraq*…
…in a place (of the city) that no one wants to remember
        two more bodies have been discovered in the desert…
–they say that a boat has navigated the river
and in the desert dunes it sunk–

        In this city
[whose name] no one wants to remember
        two more bodies have been discovered in the desert…

In the city of the south
an engineer improvised
        a free bridge t'travel t'the other side,
and not have to go getting his back wet,
go dry and presentable to work
–that said, the gringos stole his ideas,
they built the imaginary bridge
and began to charge according to a treaty,
to cross it or not to cross it, – this imaginary bridge
where a boy writes stories of the city
        on a paper boat
and sets it a sail on the river.

From this very very long bridge,
fabricated t'cut distances,
mountains hoist up the stars at night,
there are boats that navigate lost,
and white elephants

que rescatan con su trompa a la llorona,
…sobre Bagdad llovieron bombas hoy…

…de una niña el cuerpo hallaron
ya cubierto por la sábana de arena…

Y es que digo que una vez aquí existió
un puente libre en Juárez,
pa' ir p'al otro lado,
donde había una larga cola
y alguna vez un niño
escribió sus historias en un barquito de papel
y navegó

(9/III/2013)

that rescue the *llorona* with their trumpets,
...*in Bagdad it rained bombs today...*

...*the body of a young girl was found*
already covered by a sheet of sand...

That's why I say that once there was
        a free bridge in Juárez,
t'go t'the other side,
        where there was a long line
and once a boy
        wrote his stories on a paper boat
and set sail

(9/III/2013)

CANCIÓN DE CUNA
(PARA ARRULLAR ASESINADAS)
A ellas, siempre para ellas

En casa de los huesos
hechizo de los bosques   las vértebras del puente
devorará el coyote

Si en esta oscuridad
tus ojos negros abres   para sentir la sangre
bajar por sus colmillos

Si cierras bien los ojos
descansas en la arena   ya deja que la luna
te acune y te proteja

Mil luces de colores
palpitan en tu sueño   en esta húmeda noche
florecerá el desierto

LULLABY
(TO ROCK ASSASSINATED WOMEN)
to those women, always for them

In the house of bones
forests' spell   vertebrae of the bridge
the coyote will devour

If in this darkness
you open your dark eyes   to feel the blood
descend his fangs

If you close your eyes
you rest on the sand   let the moon
rock you and protect you

One thousand colored lights
beat in your dream   in this humid night
the desert will flourish

CARA Y CRUZ
(PARA JUGAR EN LA LÍNEA DEL PUENTE: INCLUYE CANTO MACABRO Y REGLAS DE JUEGO)

I

Los niños formarán una línea.
Dos niños unirán sus manos –en lo alto–
formando un puente.
Uno de los dos niños debe llamarse Mostaza,
el otro Sin Semilla.
El resto de los niños,
las mulas,
pasará por debajo del puente y empezará a cantar:

CARA Y CRUZ
(TO PLAY WHILE IN LINE ON THE BRIDGE:
INCLUDES MACABRE CHANT AND GAME RULES)

I

The children will form a line.
Two will hold their hands –high–
forming a bridge.
One of the two should be called Weed,
the other Pot.
The rest of the children,
the mules,
will pass under the bridge and will begin to sing:

CANTO MACABRO

A la línea,
la línea que quieres cruzar
¿la quieres cruzar?
¡por aquí la pueden pasar!
Los de adelante la cruzan mucho
y los de atrás saltanpatrás, tras, tras, tras....

Una mechicana que grifa vendía,
cannabis, churrumais, mostaza o sin semilla.
Una mexicana que grifa cruzaba,
cannabis, churrumais, mostaza o sin semilla.

Yerbuena, yerbuena, jardín de Merry Juana,
¡Qué güena, qué güena! La Santa Muerte Eterna.

Tamalito de oro déjame volar,
con todos tus líos,
yandas hastatrás, tras, tras, tras...

Será la Juana, será María,
será la hierba del otro día, día, día, día,
día, día, día,...

A la línea, la línea que quieres cruzar
¿la quieres pasar?
¡Por aquí la pueden cruzar!
los de acá la fuman mucho
y a los de allá los matarán; tran, tran, tran....

Macabre Chant

To the line,
to the line that you want to cross
you want to cross?
You can cross it over here!
Those up front cross it a lot
and those in the back jump back, back, back...

A little Mexican girl sold some pot,
cannabis, weed, hashish, or dope.
A little Mexican girl crossed some pot,
cannabis, weed, hashish, or dope.

Crazy weed, crazy weed from Merry Juana's garden,
how good, how good! Eternal Saint of Death.

Little pot of gold let me fly,
with all of your problems,
you're already going back, back, back...

Could it be Juana, could it be María,
could it be the weed from the other day, day, day,
day, day, day, day, day...

To the line, to the line that you want to cross
you want to cross?
You can cross it over here!
Those over here smoke it a lot
while those over there will die, ie, ie...

II

Cuando el resto de los niños alineados vayan cruzando,
– en zigzag –
(similar a los movimientos de un gabacho bien
aturrado)
podrán recorrer toda la frontera,
pasando bajo el puente dos o tres veces.
Al momento en que casi termina la canción,
– cuando cantan: tran, tran, tran –
repentinamente los niños del puente
deberán bajar sus manos
y atrapar a la mula que en ese momento
esté pasando por debajo del puente.
Luego le preguntarán al niño atrapado:
¿De cuál te aturraste, mostaza o sin semilla?
– El niño atrapado deberá elegir.
Y así formarán otro puente
y será más divertido para los niños de la fila,
pasar debajo de dos o más puentes
mientras sigue y sigue el canto.

¿Estamos listos?

II

When the rest of the children in line cross,
– in zigzag –
(just like the movements of a stoned gringo)
they can run all over the border,
going under the bridge two or three times.
When the song is about to end,
– when they sing: ie, ie, ie –
suddenly the children making the bridge
should lower their arms
and trap the mule that is passing
under the bridge at that moment.
Then they will ask the trapped child:
Which one did you smoke, pot or weed?
– The trapped child needs to choose.
And then they will make another bridge
and it will be even more fun for the kids in line,
to go under two or more bridges
while the chant goes on and on.

Are we ready?

Tan lejos de Dios (AK-47)...

Al tronar las doce matralletas
se prende al rojo vivo una luz de neón,
lejana ya es la hora de vuelta al cabaret,
tan cerca está del cielo y del infierno esta ciudad.

Abierta está la puerta
de algún viejo congal,
señal de que a la una
cerveza venderán.

Le besa los tatuajes la puta Soledad
a un viejo marinero de los Unitedstates
que dice haber salvado la Gran Tenochtitlán
lo grita mientras limpia su rostro de sudor.

Si en el hogar se rezan novenas por Piedad,
muy cerca, en una esquina,
las tres ya deben ser,
pues funden con el plomo
los gritos de maldad de algún chivo cabrón.

Pa' el alma que anda en pena
El Cielo es el lugar,
que exhume a su Consuelo en
la Cueva de Satán.

Se dice que La Noche
abierta debe estar,
por sólo unos billetes
la Gloria alcanzarás.

So Far From God (AK 47)...

When the twelve machine guns fire
a neon light glows bright red,
a long time ago, return from the cabaret,
so close to heaven and hell this city.

The door is opened
to some old brothel,
sign that at one
beer will be sold.

The whore Soledad kisses the tattoos
on the former US marine
that claims to have saved the Great Tenochtitlán
he yells as he wipes sweat from his brow.

If novenas of Piedad are recited at home,
very close, on a corner,
it must be three o'clock
since they melt with the lead
the shouts of malice of the chopper city.

For t'soul that walks in penance
Heaven is the place,
that exhumes its Consuelo
in Satan's cave.

They say that The Night
should be opens
for just few dollar bills
you will reach Gloria

Cerrada está la puerta
las seis ya van a dar,
señal de que la Flaca
anda suelta en la ciudad.

The door is closed
it will soon be six,
sign that the *Flaca*
runs free in the city.

Español 1070

"Para todos, todo, para nosotros, nada"
Subcomandante Marcos

Debo decir que, en este lugar, entre otras cosas enseño gramática a los estudiantes.
Al iniciar el curso repasamos el tiempo presente:

Yo abro la puerta/ tú guardas silencio/ él me apunta con su revolver/ ¿que nosotros somos qué?/ y ustedes no dicen nada/ cuando ellos están a punto de dispararme.

Días después enseño a mis alumnos el arte de contrastar el pretérito y el imperfecto. Ellos practicaban el lenguaje que aquí se les enseñó:

Yo abrí la puerta/ tú guardabas silencio/ él me apuntó con su revólver/ nosotros... éramos/ ¿nosotros... fuimos?/ ustedes no dijeron nada cuando ellos estaban a punto del disparo.

El tiempo corre –como suele suceder– y las cosas en la vida se complican, hasta el subjuntivo. Los alumnos reciben notas de acuerdo a su destreza oral:

¡Abra la puerta!/ Tú, ya te lo dije, ¡que guardes silencio!/ ... porque es probable que él apunte con su arma en mi cabeza/ ya que quizás crean que nos/ otros somos ladrones y ustedes callen (por si acaso)/ cuando ellos estén a punto del disparo/ con sus cinco armas de fuego a mi cabeza.

Spanish 1070

"For everyone, everything, for us, nothing"
Subcomandante Marcos

I should say, that in this place, amongst other things
I teach students grammar. When the course begins
we review the present tense:

I open the door/ you are silent / he points his gun
at me/ that we are what?/ and you all don't say
anything/ when they are ready to shoot me.

Days later I teach my students the art of contrasting
the preterit and the imperfect. They practiced the
language that was taught here:

I opened the door/ you were silent/ he pointed his
gun at me/ we…used to be/ we … were?/ you all did
not say anything when they were ready to fire.

Time runs by –like it tends to do–and life gets
so complicated that it reaches the point of the
subjunctive. The students are graded according to
their oral ability:

Open the door!/ You, I already told you, shut up!/ …
because its possible that he will point his gun at my
head/ given that perhaps we (the other) are thieves
and you all are quiet (just in case)/ when they are
ready to open fire on me/ with their five weapons
pointing at my head.

Debo decir que profesor de lenguas soy y que entre otras cosas, claro está, enseño español. Al terminar el curso los alumnos usan el lenguaje/ –escribo yo (hincado y esposado) sobre el suelo/ tú, me dice el policía, ¡guarda silencio!/ quizás yo deba abrir la puerta/ para que él apunte su revólver en mi rostro/ ¡que no dispare es mi oficina!/ ya que yo/tú/ él/ ella y nosotros/ cuando ustedes/ jamás nosotros si ellos/ la otra historia/ la versión más oficial/ para que (ustedes/ ellos) no la olviden/ ya que el poder que les protege nos obliga/ a nosotros, si el perdón, nunca vendrá... ¡guarda silencio o te arresto!/ ¿o me disparas?/ porque este amargo trago/ o te lo bebes o lo derramas/ (yo hincado y tú/ él/ nosotros/ ustedes/ ellos/ confundido/s)/ cuando del arma la mira miro/ –tan fría y cruel/ la ley defiende a muerte su silencio.

(16/IX/10)

I should say that I am a Spanish professor and
that amongst other things, of course, I teach
Spanish. When the course ends the students use the
language/ –I write (on my knees and handcuffed)
on the ground/ you, the police man tells me, shut
up!/ perhaps I should open the door/ so that he can
point his gun in my face/ don't shoot its my office!/
that I/you/he/she and we/ when you/not us if they/
the other history/the most official version/ so that
(you all/ them) will not forget/ since the power that
protects them forces us/ we, if an apology never
comes… shut up or I'll arrest you!/ Or you shoot
me?/ because this bitter shot/ you either drink it or
you spill it/ (on my knees and you/he/we/you all/
them/ confused)/because when I see the barrel of the
gun/ –so cold and cruel/ the law will take its silence
to the grave.

(16/IX/10)

LA NOCHE EN VELA

¿Para qué diablos sirve la poesía
si no puede venderse
como carne de hamburguesa
en un *fastfood*?

¿Por qué pasar la noche en soledad
idealizando a la mujer que espera en cama?

¿Cómo llega el ciego
al ojo de luz en el desierto?

Cómo explicar
al día siguiente,
–pasé la noche en vela…
no hice nada… ni escribí…

acaso se cansó la musa   ¿se agotó?

El mundo espera
Oh, say can you see
la última canción de rap
by the dawn's early light,
los diarios se cobran con víctimas de violación y guerra
what so proudly we hailed
y los ricos con el precio del petróleo y las finanzas
at the twilight's last gleaming
y ella gritaba –¡No me maten!

Nadie reclamó en la morgue
And the rockets' red glare

UP ALL NIGHT

What the hell is poetry good for
if you can't sell it
like hamburgers
at a fast food?

Why spend the night alone
idealizing the woman that waits in bed?

How does the blind man arrive
to the waterhole in the desert?

How to explain
the next day,
–I was awake all night…
I didn't do anything…I didn't even write…

perhaps the muse was tired   did she got fed up?

The world waits
Oh, say can you see
The latest rap song
by the dawn's early light,
newspapers profit from victims of violence and war
what so proudly we hailed
the rich with finances and the price of oil
at the twilight's last gleaming
and she screamed –Don't kill me!

Nobody claimed in the morgue
And the rockets' red glare

al niño que mató la migra de este lado
the bombs bursting in air.

Pasé la
noche en vela
no tiene prisa la poesía
en el 2012 se cumple el quinto sol
ya que tanto aclamamos la noche al caer
la próxima vez cruzaré el desierto en una estrella.

the boy the *migra* killed on this side of the border
the bombs bursting in air.

I was
awake all night
poetry is not in a hurry
in 2012 the fifth sun ends
ya que tanto aclamamos la noche al caer
next time I will cross the desert on a star.

CRUZ AL DESIERTO

DESERT CROSSES

LLUVIA Y SOL

Al abrir los ojos
        sentiste arder la arena,
tu pueblo se exilió
        en la tierra más oscura de la luna.

La luz cerró tus ojos
iluminó tu memoria:
allá abajo, más abajo que el recuerdo
        –y muy muy lejos del cielo–
cae una lluvia insoportablemente triste,
y tú
        te alejas

Rain and Sun

Upon opening your eyes
        you felt the sand burn,
your people went into exile
        to the most obscure land of the moon.

Light closed your eyes
illuminated your memory:
there below, further beneath memory
        –and very very far from the sky–
falls an unbearably sad rain,
and you
              take leave

ÉXODO

Te acuestas en la arena
            a contemplar la noche,
gotas de sudor transpiran luz
            sobre tus huellas.

Veinte veces veinte,
al cruzar este desierto,
si rompes el cántaro
            brotará la luz.

Generoso manantial,
que en este laberinto
germine tu lenguaje,
ofrezca
            su caudal
en abundancia,
que doblen las campanas de tu ser.

Cántaro de luz,
al no encontrar salida,
si fósil de mar
            es el desierto,
que tu cuerpo cubra en paz
la sombra de mi ser.

Exodus

You lay down in the sand
       to contemplate the night,
sweat drops transpire light
       on your footprints.

Twenty times twenty,
upon crossing this desert,
if you break the vessel
       light will flow.

Generous spring,
may in this labyrinth
your language sprout,
offer
       in abundance
its river's flow,
may the bells of your being toll.

Vessel of light,
after not finding an exit,
if a sea fossil
       is the desert,
may your body cover with peace
the shadow of my being.

Rosa del desierto

Brilla el cielo,
— bello horizonte,
al rozar contra tus alas
      el viento parpadea.

De verano las tardes salpicadas,
lluvia y arena,
      florece
          el desierto,
cristalizando el corazón del sol
y en su ombligo de miel se deleita un colibrí

DESERT ROSE

The sky shines,
— beautiful horizon,
upon brushing against your wings
      the wind blinks.

From the summer spattered afternoons,
rain and sand,
      the desert
            blooms,
crystallizing the sun's heart
and in his honey navel a hummingbird rejoices

AL OLVIDAR

Una luciérnaga se enamoró
del sol
                              y al olvidar la noche,
en el templo de velas extinguidas,
cristal fueron sus sueños y pasión.

De la luna
se enamoró un cocuyo,
                              hasta olvidar el día,
bajo una vieja estrella de hojalata
            penumbra su pasión.

UPON FORGETTING

A lightning bug fell in love
with the sun
            and upon forgetting the night,
in the temple of extinguished candles,
            her dreams and passion became crystal.

With the moon
a firefly fell in love,
            he even forgot about the day,
beneath an old tin star
        twilight his passion.

Ojos como lunas

Si en tus ojos una tarde se refleja
no intentes avanzar por la noche del coyote.

En vano ya no busques salida al laberinto
si oscuro es el desierto que embarga el corazón.

Sean las dunas cicatrices en el rostro,
sea tu boca ese perfecto manantial.

Si la oscuridad te asombra, sean tus ojos como lunas,
veladoras que iluminen el sendero más oscuro.

EYES LIKE MOONS

If your eyes reflect an afternoon
do not try to advance in the coyote's night.

No longer seek out in vain the labyrinth's exit
if dark is the desert that seizes the heart.

May dunes be scars on your face,
your mouth that perfect spring.

If darkness overcomes you, may your eyes be like moons,
candles that illuminate the darkest path.

Nocturno aroma de la lluvia

De noche vienes,
y tú   luciérnagas.
Sentado junto al viento
bajo un árbol   un hombre.

Él te indica
la senda de la luna,
la gracia del desierto
y el sigilo de su luz.

Disfruta la nocturna
presencia del sahuaro,
deja que el aroma de la lluvia
cante en el desierto

                por amor

NOCTURNAL AROMA OF RAIN

At night you arrive,
and you   lightning bugs.
Seated next to the wind
beneath a tree   a man.

He shows you
the moon's path,
the desert's grace
and the secrecy of its light.

Enjoy the nocturnal presence
of the saguaro,
let the aroma of rain
sing in the desert

              for love

Sigue las huellas

Cántaro y luz bajan del cielo.

En tanto el sol se acuña
en la explosión del cuarzo,
con la uña de su cola
un alacrán escribe
cantos de amor sobre la arena.

Luna eres y avanzas en silencio,
bajo tus pies un acertijo
sigue las huellas de tu tribu.

¿Te has dado cuenta acaso que tus pasos
son los días, son las noches,
son los versos que has dictado en el desierto?

FOLLOW THE TRACKS

Vessel and light descend from the sky.

Now and then the sun mints
in the quartz's explosion,
with the stinger
a scorpion writes
chants of love in the sand.

You are moon and you advance in silence,
beneath your feet a riddle
follows your tribe's tracks.

Have you realized that perhaps your steps
are the days, are the nights,
are the verses you have dictated in the desert?

Muro (Trans)Fronterizo

(Trans)Border Wall

ANTÍFONA DE CRUZADA

I

Son pocas las que cruzan el desierto
y saben caminar sobre la arena.
Son pocas y lo cruzan, o en él mueren.
De varios rumbos vienen –las que cruzan,
y son las nuevas nómadas de Aztlán.

Se saben por el cielo perseguidas,
se sienten como liebres y venados
y buscan bajo el sol su madriguera.
Un horno que incinera es el desierto
y no perdona tan siquiera a Dios.

Son pocas las que su destierro cruzan
y saben caminar sobre la luz.
Son pocas y lo cruzan. O en él mueren.

CROSSING ANTIPHON

I

Few cross the desert
and know how to walk on sand.
There are few that cross it, or die there.
They come from all over –those who cross,
and they are the new Aztlán nomads.

They know they are chased by sky,
they feel like hares and deer
and look for their refuge from the sun.
An oven that incinerates is the desert
that does not even pardon God.

Few their own exile cross
and know how to walk on light.
There are few that cross it, or die there.

193

II

Un horno que se enciende en la memoria
es levantar el polvo de la guerra,
salir de cacería, asesinar.
Hace frío y que se enciendan las antorchas,
mas no las que encendió la inquisición.

Esa persecución por el desierto,
violencia en el hogar puerta por puerta,
pedirles documentos por la calle,
si aún no tiene pinta de Holocausto
el Éxodo podemos recordar.

Son pocas las que cruzan el desierto
y saben caminar sobre la arena.
Son pocas y lo cruzan, a él van a morir.

II

An oven that ignites in the memory
is to stir up the dust of war,
to go hunting, assassinate.
It is cold and the the torches may be lit,
but not the ones the inquisition ignited.

This persecution in the desert,
violence in the home door to door,
ask for their documentation on the street,
if it doesn't resemble the Holocaust
then we can remember the Exodus.

Few cross the desert
and know how to walk on sand.
There are few that cross it, or die there.

III

Un muro de concreto se levanta,
un arma se dispara hacia el desierto,
de muerte hiere a un ángel   en sus alas
escriben Satanás y Dios un verso;
junto a la luna riman cuna y tumba.

Son pocas las que cruzan el desierto
y saben caminar sobre la luz.

Son pocas que cruzan, muchas mueren.

III

A concrete wall is raised,
a gun is fired towards the desert,
fatally wounds an angel   in its wings
Satan and God write a verse;
they rhyme womb and tomb with moon.

Few cross the desert
and know how to walk on light.

Few cross, many die.

CARNE DE CAÑÓN

Aquellos que caminan por la luz,
poco es lo que duermen por las noches
y mayúscula es la carga en sus espaldas.

Aquellos que cruzaron el desierto
también las nuevas quieren escuchar,
mas no cuando les tocan a la puerta
el sábado temprano y les insisten
que a honrar a su dios al templo deben ir.

Aquellos que se creen sabelotodo
y saben mal hablar sólo de un libro,
ya dejen de tocarles a la puerta
y déjenles rezar a Guadalupe.

Aquellos que caminan por la luz
¡no quieren ser carne de cañón!

CANNON FODDER

Those that walk on light,
they sleep very little at night
and carry a heavy load on their backs.

Those that crossed the desert
also want to hear good news,
but not when they show up on their doorstep
early Saturday morning and insist
they go to the temple and pray to their god.

Those that think they know it all
and know how to speak poorly of one book,
stop knocking on their door already
and let them pray to Guadalupe.

Those that walk on light,
don't want to be cannon fodder!

CAE LA NOCHE EN EL DESIERTO

Brilla el adobe de la tarde,
resbalan como gel los muros de ladrillo.
Esta es la tarde alquimia del color.

Es julio en esta ciudad,
un camino entre los huesos del atardecer,
ave de mal agüero
      si olvida el cántaro bajar.

Cae la noche abrazadora,
brillo estrellado,
lunas que encienden la gala de la noche
      pretenden con su cuerpo el desierto alimentar.

NIGHTFALL IN THE DESERT

Afternoon adobe shines,
brick walls sag like glass.
Colorful, alchemic afternoon.

It is July in this city,
a path between nightfall's bones,
bird of bad omen
      if it forgets to lower its vessel.

Burning night falls,
starry glow,
moons that light up the night's gala
      claim to feed the desert its body.

TRAS EL MURO

A lo lejos centellean
las antorchas del ejército enemigo.

A hacer la guerra vienen,
someternos a su paz.

Es de noche y tras el muro
los estamos esperando.

Sudor, sangre, esfuerzo, y lágrimas,
no distingue la guerra al vencedor.

BEHIND THE WALL

In the distance the torches
of the enemy forces flare.

They come to make war,
subjugate us to their peace.

It is night and behind the wall
we are waiting for them.

Sweat, blood, effort, and tears,
do not distinguish the victor from the war.

RAÍCES

Sumergen en la noche las palabras,
absorben minerales, muerte y vida
de un árbol hurtan el silencio,
y el eco subterráneo escuchan
junto al latido de su médula espinal.

Inventan por la tierra su camino,
revientan el concreto con los años,
lenta y suavemente se acercan, las raíces,
acarician a las piedras, las abrazan,
hasta exprimir
el oculto manantial de su lenguaje azul.

Persiguen bajo tierra a las lombrices,
descubren de su reino los misterios,
encuentran en sigilo un manantial,
se sacian en el seno
del sueño inmaculado
y el fértil caracol de la mujer.

Qué vida la que llevan las raíces
de la luna que alguna vez planté.

ROOTS

Submerge words into the night,
absorb minerals, life and death
from a tree they steal silence,
and listen to the subterranean echo
next to the beat of their spinal marrow.

Invent their path on earth,
brake concrete with the years,
gently grow closer, the roots,
embrace and caress rocks,
until they empty
the hidden fountain of their blue language.

Pursue worms beneath the surface,
discover secrets in their reign,
carefully encounter a water well,
satisfy themselves in the breast
of the immaculate dream
and the fertile shell of woman.

What a life the roots lead
of the moon I once planted.

CITLALI

*"Una mujer cruzó el desierto junto con sus
dos hijas de 10 y 11 años de edad cerca de la
población fronteriza de Bisbee, Arizona. Cuando
comenzó a sentirse mal y sufrir alucinaciones
por la falta de agua, sus hijas la dejaron debajo
de un árbol para pedir ayuda..."*

Bajo un mezquite
Citlali soñó con volar,
codició ser colibrí.
Transcribió
los mapas del desierto,
con pétalos de luz
la luna le orientó.
Al día siguiente
alimento fue del sol
y de la luna
    el cáliz.
Una espina del mezquite se encajó en el corazón
y le brotaron plumas,

     alas,

     viento.

Citlali, la mujer colibrí,
   alzó el vuelo,
     esa noche
      se desvaneció en el aire.

En la vía láctea sus hijas le han visto brillar.

CITLALI

*"A woman crossed the desert with her two
daughters ages 10 and 11 close to the border
town of Bisbee, Arizona. When she began
to feel bad and suffer hallucinations due to
dehydration, her daughters left her under a tree
to search for help…"*

Beneath a mesquite
Citlali dreamt about flying,
she longed to be a hummingbird.
She transcribed
maps of the desert,
with petals of light
the moon oriented her.
The next day
she was nourishment for the sun
and for the moon
        the challis.
A mesquite thorn pierced her heart
and she sprouted feathers,

                wings,
                wind.
Citlali, the woman hummingbird,
      took flight
           that evening
                vanishing into the air.

In the Milky Way her daughters have seen her shine.

Estroboscópio: el encuentro

¡Llegó la migra
(…luces intermitentes…), un helicóptero, dos perros
y tres hombres armados…

    … luces multicolor / cierro los ojos / opacas
son como brillantes fueron / de una pantalla
se desprenden hoy
y se desprenderán – volando –

    que en la navaja fina la luna se transluce, se
reduce, se traduce:

        fantasmas repetidos [creí escuchar
más de una vez que había una vez…]

    una posible confusión, oscuridad:

        una mezcla de colores

        por sí sola y virtual, aquél temblor

          composición etérea del temor
sin fuerza necesaria para actuar
si cruzas
en solitaria danza
no te pierdas del coyote en el espejo de sus ojos!

STROBE LIGHTS: THE ENCOUNTER

It's the *migra*
(…blinking lights…), a helicopter, two K9s and three
armed men…
     …multicolored lights/ I close my eyes / they
are as opaque as once brilliant / they detach
from the screen today
and they will detach – flying –
     on the thin blade the moon lusters, lowers,
lightens:
         repeated ghosts [I think I heard
more than once that once upon a time…]
     a possible confusion, darkness:
        a mixture of colors
        all by itself and virtual, that tremor
          fear's ethereal composition
without the necessary strength to act
if you cross
in solitary dance
don't lose sight of the coyote in the mirror of his eyes!

ECLIPSE LUNAR

It's no secret that the stars are falling from the sky
It's no secret that our world is in darkness tonight
They say the sun is sometimes eclipsed by a moon
You know I don't see you

U2

LUNAR ECLIPSE

It's no secret that the stars are falling from the sky
It's no secret that our world is in darkness tonight
They say the sun is sometimes eclipsed by a moon
You know I don't see you

U2

CUANDO LA NOCHE YACE

Bendigo el agua de tus lunas,
la bruma veas nacer,
tu máscara de barro
se adorne con agujas de cristal.

Si la silueta a la merced del sueño hablara,
qué nos escribiría, acaso un canto,
si sobre el mar   ¿algún reflejo?

Quizá la luna nueva
abra su puerta.

Quizá de noche, el escenario,
ahí donde se encuentran los instantes luminosos
exploten las agujas de cristal.

Ahora que nombre niegas a tus hijas
la noche yace abandonada en el desierto.

WHEN NIGHT LIES

I bless the water of your moons,
may you see the mist's birth,
your clay mask
be adorned with crystal spikes.

If the silhouette at the dream's mercy spoke,
what would it write for us, perhaps a chant,
if on the sea   some reflection?

Perhaps the new moon
opens her door.

Perhaps at night, the stage,
there where illuminated instances unite
crystal spikes will explode.

Now that you deny your daughters' names
night lies abandoned in the desert.

Permanencia voluntaria

Admiras la voluntad del árbol,
su breve sombra, la persistencia de la luz.

Una ciudad descubre otra ciudad
en la transparencia de la noche.

Una avenida se construye sobre el barro,
y ésta, esta es la calle
de un niño que espera y tú regreses.

La ciudad dolor.
Estás en la ciudad que más dolió,
la ciudad que más te dolió.

Esta es la ciudad que lástima lastima
penumbra y compasión.

Este es el eclipse
que imaginamos esa noche.

Has vuelto, al fin has vuelto, y se encienden
las estrellas del corazón
que al norte se fugó.

VOLUNTARY PERMANENCE

You admire the tree's desires,
its brief shade, light's persistence.

A city discovers another city
in the transparency of the night.

An avenue is built over clay,
and this, this is the street
of a boy who waits for you to return.

the city of pain.
You are in the city that hurt more,
the city that hurt you more.

This is the city that shamefully harms
penumbra and compassion.

This is the eclipse
that we imagined that night.

You have returned, you have finally returned,
and the stars of the heart
of he who escaped to the north shine tonight.

AUSENCIA

Difícil es partir
como volver.

El árbol que se tala
deja una cicatriz,
un libro con preguntas
que nadie convendrá,
y en su manto estelar deja un vacío,
cubriendo el mapa astral
la carta de navegación y una brújula extraviada.

A veces hay un giro,
un instante de temor,
donde se rozan fruto y flor
del árbol que cae.

Difícil es partir
como volver.

ABSENCE

It is as hard to leave
as to return.

The felled tree
leaves a scar,
a book with questions
that no one will concede,
and in its stellar mantle a void is left,
covering the astral map
the navigation chart and a lost compass.

Sometimes there is twist,
an instant of fear,
where fruit and flower
of the fallen tree caress.

It is as hard to leave
as it is to return.

ECLIPSE LUNAR

Sorprendes a la noche,
desnuda aún, la luna se sonroja,
un velo ya la cubre,
translúcida membrana carmesí,

medusa
te ofrece a medianoche la visión:
        tu pueblo en el olvido.

Mañana partes,
esta noche, reposo y oración
        el cielo tus manos acaricia.

La luna roja escribe:
-*son los sueños sacro alivio del que duerme en el amor.*

Sabe de antemano que el placer recordarás.

Lunar Eclipse

You surprise the night,
still naked, the moon blushes,
a veil already covers her,
transparent scarlet membrane,

medusa
shows you a vision at midnight:
            your town in oblivion.

Tomorrow you depart,
tonight, rest and prayer
            your hands caress the sky.

The red moon writes:
—dreams are sacred relief of he who rests in love.

She knew beforehand you would remember the pleasure.

En casa ajena

Desierto y mar   el mar del sur se aleja.
Junto al oscuro sino del santuario
una ciudad se aluna.

Su reflejo se pierde en la corriente,
cruza y sufre en casa ajena los engaños,
el mutis frío y cruel   una sonrisa plástica alongada.

IN A FOREIGN HOME

Desert and sea   the southern sea grows distant.
Next to the sanctuary's dark destiny
a city fills with moon light.

Its reflection gets lost in the current,
crosses and suffers deception in a foreign home,
coldest and cruelest silence   an elongated plastic smile.

PENUMBRA

Lo sé, has regresado al manantial,
has vuelto a recorrer
la primera noche,
el placer
de sus nocturnas dimensiones,
esa fogata que cubre de espesura
y humo blanco nuestro hogar.

Un lamento se escucha en el camino,
bajo las ruinas de una casa abandonada
de adobe son tus pasos
que cubren de sangre la ciudad.

Lo sé, has vuelto al fuego,
como un ser imaginado
de escamas y viento y granito,
has regresado al fuego.

Respiras cuando llueve.
El flujo de las nubes radioactivas
descienden cuando llueve.
En esta ciudad en medio del desierto
respiras,
llueves y bebes,
            granito y viento,
                  y al manantial ardiente vuelves.

PENUMBRA

I know, you have returned to the spring,
you have come back to travel
the first night,
the pleasure
in its nocturnal dimensions,
that bonfire that covers our home
with thick white smoke.

A cry is heard along the path,
beneath the ruins of an abandoned house
your steps of adobe
that cover the city with blood.

I know, you have come back to the fire,
like an imaginary being
of scales, wind and granite,
you have returned to the fire.

You breathe when it rains.
The flow of radioactive clouds
descends when it rains.
In this city in the middle of the desert
you breathe,
you rain and drink,
         granite and wind
                  and to the fervent spring you return.

CRUZ A LA LUZ

Enciéndanse las velas, los senderos,
el silencio levante las estrellas,
en el nocturno mapa
los sueños de colores se disfracen.

Que este canto persiga por el cielo
las hermosas espigas de cristal.
Que flote y se deslice
el brillo de la luna por el río,

que vierta sobre el mar su noche entera.
Si logra descubrir su corazón
no busque más respuesta
tras perseguir al sol y no alcanzarlo.

Voces de fuego avanzan por la aurora,
si llaman a la noche y queda abierta
sorprenda el silencio
la luna con su canto iluminado.

LIGHT CROSSES

Illuminate the paths with candles,
may silence raise the stars,
in the nocturnal map,
dreams disguise themselves with colors.

May this chant pursue beautiful crystal
spikes in the sky.
May the moon's sparkle
float and slide down the river,

may it pour its eternal night over the sea.
If she manages to find her heart
to not look for more answers
after pursuing the sun and not reaching it.

Voices of fire advance through the dawn,
if they call the night and she stays open
may they silently surprise
the moon with their illuminated chant.

About the Translator/ Sobre la traductora

Jennifer Rathbun
(Pittsburgh, Pennsylvania, 1973)

As a translator, Jennifer Rathbun has published ten complete poetry books by five different Hispanic authors including Mexican poets Alberto Blanco, Minerva Margarita Villarreal, and Juan Armando Rojas Joo. Additionally, she has published poetic translations in international journals like The Dirty Goat, Terre Incognita, Prism international, and International Poetry Review. Rathbun's original poetry has appeared in journals including the *Hispanic Culture Review, Latino Book Review Magazine, Border Senses, La Revista Luna Zeta,* and *Papeles de la Mancuspia.* Rathbun is co-editor of the anthologies *Blood of Mine: Poetry of Border Violence, Gender and Identity in Ciudad Juárez* (2013) and *Canto a una ciudad en el desierto* (2004). Jennifer Rathbun received her Ph.D. from the University of Arizona, and she is a Professor of Spanish at Ashland University where she is also the Associate Editor of Ashland Poetry Press.

Jennifer Rathbun
(Pittsburgh, Pennsylvania, 1973)

Como traductora, Jennifer Rathbun ha publicado diez libros completos de poesía de cinco autores hispanos diferentes, incluidos los poetas mexicanos Alberto Blanco, Minerva Margarita Villarreal y Juan Armando Rojas Joo. Además, ha publicado traducciones poéticas en revistas internacionales como The Dirty Goat, Terre Incognita, Prism International e International Poetry Review. La poesía original de Rathbun ha aparecido en revistas como *Hispanic Culture Review, Latino Book Review Magazine, Border Senses, La Revista Luna Zeta* y *Papeles de la Mancuspia.* Rathbun es coeditora de las antologías *Sangre mía: Poesía de violencia fronteriza, género e identidad en Ciudad Juárez* (2013) y *Canto a una ciudad en el desierto* (2004). Jennifer Rathbun recibió su Ph.D. de la Universidad de Arizona, y es profesora de español en la Universidad de Ashland, donde también es editora asociada de Ashland Poetry Press.

About the Author / Sobre el autor

Juan Armando Rojas Joo
(Ciudad Juárez, México, 1969)

Poeta transfronterizo, narrador y ensayista, Rojas Joo ha publicado siete poemarios, una monografía sobre poesía mexicana contemporánea, así como coeditado dos antologías de denuncia poética en contra del feminicidio y la violencia en Ciudad Juárez. Además de al inglés Rojas ha sido traducido al portugués, árabe, e italiano, ha sido invitado a participar en festivales literarios nacionales e internacionales, los más recientes en Colombia e Irak y durante la primavera de 2011 fue poeta residente en la Universidad de Coímbra, Portugal. Rojas Joo recibió su licenciatura y maestría en letras latinoamericanas por la Universidad de Texas en El Paso, el doctorado en la Universidad de Arizona y en 2002, fue profesor invitado en Amherst College, Massachusetts. Actualmente labora como profesor de español y decano asociado en diversidad e inclusión en la Universidad Ohio Wesleyan.

Juan Armando Rojas Joo
(Ciudad Juárez, Mexico, 1969)

Transborder poet, narrator and essayist, Rojas Joo has published seven books of poetry, a monograph about contemporary Mexican poetry, and has coedited two poetry anthologies denouncing feminicide and violence in Ciudad Juarez. Besides English Rojas has been translated to Arabic, Portuguese and Italian, he has been invited to participate in national and international literary festivals, most recently to Iraq and Colombia, and during spring of 2011 he was invited as the University of Coimbra's, Portugal, resident poet. Rojas finished his BA and MA in Latin American Literature from the University of Texas in El Paso, his Ph.D. at the University of Arizona and was a postdoc Mellon Fellow at Amherst College, Massachusetts. Besides being a Professor of Spanish, Rojas serves as the current Chief Diversity Officer and Associate Dean for Diversity and Inclusion at Ohio Wesleyan University.

CPSIA information can be obtained
at www.ICGtesting.com
Printed in the USA
FFHW020554301119
56161532-62249FF